洋洋兔童书
YoHare Children's Books

启航吧知识号

轻松读史记
千古帝王

（西汉）司马迁 著　洋洋兔 编绘

北京理工大学出版社
BEIJING INSTITUTE OF TECHNOLOGY PRESS

前言

《史记》是什么？很多小朋友会说：
"《史记》是一本关于古代历史的书，很厚很厚。"
"它是司马迁写的！"
"是我国历史上第一部纪传体通史！"

没错，《史记》是2000多年前由中国西汉史学家司马迁所写的史书，也是中国古代"二十四史"中最精彩的一部，是每个朝代都推崇的经典，是一部伟大的历史著作。

书中，司马迁用一个个人物故事讲述了**从上古传说中的黄帝到汉武帝年间**，共3000多年的历史。司马迁是第一个用人物故事的方式记录历史的史学家，这种**"纪传体"**后来被很多史书所采用。

《史记》全书包括12篇**"本纪"**（帝王的政绩），30篇**"世家"**（各诸侯和大家族的兴衰史），70篇**"列传"**（重要历史人物的事迹）。为了方便阅读，司马迁还把历史上发生的大事写成10个大事年**"表"**，另有记录历代制度的8篇**"书"**。一共130篇，50多万字。

因为司马迁做过汉代的太史令（官名），又被称为太史公，所以《史记》一开始被叫作《太史公书》。本来古代的史书都叫作"史记"，但因为这本《太史公书》太有代表性了，所以从三国时期开始，人们口中的"史记"便特指此书。

大文学家鲁迅先生曾夸赞《史记》是**"史家之绝唱，无韵之离骚"**，意思是"没有比这本更精彩的历史书了，甚至比得上古代大文学家屈原写的《离骚》"。

那么，这部伟大的作品里讲了什么呢？

里面有帝王的用人之术，将相的胜负、治国的智慧，英雄们的人生起伏。英国大哲学家培根曾说过："读史使人明智。"

让我们通过《史记》学习古人的处世哲学与智慧吧。你想知道我们的祖先是怎样生活的吗？古代的小孩子要不要上学读书呢？皇帝真的是高高在上吗？那时候的人是怎么打仗的？对于这些问题，司马迁都会用一种充满文采、生动有趣的方式告诉你。除此之外，司马迁还写了很多有意思的人，有为了治水十三年不回家的**大禹**、跟大王比力气被杀的**孟说**、临死前还想吃个熊掌的**楚成王**，有因为一碗羊汤就跟君主翻脸的**羊斟**，更有被爹妈取名为"黑屁股"的**晋成公**……这些人就像是戏台上的演员，尽心尽力地为我们表演一场又一场人生大戏。

《史记》中还总结出许多**名言佳句**，比如"大行不顾细谨，大礼不辞小让""桃李不言，下自成蹊""失之毫厘，差之千里""忠言逆耳利于行，良药苦口利于病""人固有一死，或重于泰山，或轻于鸿毛"等。这些都是历史的精华，包含了深刻的人生哲理，大家可以牢记于心，作为以后为人处世的准则。

嗯，嗯，我前前后后写了 13 年呢！

赶紧翻开这本书，让我们感受一下3000 多年波澜壮阔的中国历史吧！

［目录］

五帝本纪

　　很久以前，人们以部落为单位生活在一起。这段时期先后诞生了五位部落联盟首领——黄帝、颛顼、帝喾、尧和舜，他们被合称为"五帝"。

　　《五帝本纪》列于《史记》之首，用故事记载了这五位部落联盟首领的事迹，以及他们实行禅让制、治洪水、开良田和制定天文历法等诸多事项。虽然，中华民族的伟大祖先历经战乱和灾害，但也开创了历法、音乐等文化的灿烂篇章。

人文初祖

本 名
➤ 公孙轩辕

特 点
➤ 聪明睿智、见闻广博、仁爱宽厚、敢想敢干

成 就
➤ 打败神农氏和蚩尤氏，制定历法，发展生产

黄帝

　　远古时期，人们散居各地，以采集、狩猎为生。后来，人们逐渐聚集，形成了许多大大小小的部落。在四千多年以前，我国黄河、长江流域一带居住的部落，据说有一万多个。**炎帝和黄帝就是其中两个最大部落的首领。**

　　黄帝姓公孙，名轩辕，是少典氏族的后代。公孙轩辕出生时，就显示出与众不同的灵异，出生不久就会说话，三四岁时能对答如流。长大后诚实勤恳，见闻广博，乐于助人，很有号召力。

公孙轩辕

　　轩辕成为部落首领时，统管四方的神农氏已经衰败，各部落相互攻伐，抢夺地盘，打得热火朝天。擅长种地、不擅打仗的神农氏炎帝无力平乱，只好向轩辕求助。于是，轩辕积极打造兵器，训练军队，四处讨伐那些混战不已、侵扰百姓的部落。没多久，轩辕就平息了叛乱，四方部落都来归顺他，他的部落迅速壮大起来。

　　炎帝部落仗着自己势力强大，经常欺负邻近的小部落。在这种情况下，轩辕发展农业、安抚百姓、积极练兵。终于，**轩辕和炎帝在阪泉之野展开了三次大战**，最后轩辕取得了胜利。

然而，南方的蚩尤部落仍然不听命令，经常叛乱。轩辕向部落征集军队，**与蚩尤战于涿鹿之野**，最后生擒蚩尤，并杀死了他。这时，各部落都推举轩辕代替神农氏管理天下，若有不归顺的部落，轩辕就去征讨，平定后就会离开，同时还到处开山拓路……

天下安定后，**轩辕在涿鹿建立都城**，设立左右大监管理部落，所封的军队之官都用云字来命名。另外，他还**观察四时，发展农业、制定历法等，管理天下万民和万物。**

在黄帝的统治下，部落之间和睦相处，百姓勤恳耕作，天下五谷丰登，风调雨顺。**他做首领时，有土德的祥瑞征兆，土色黄，所以号称黄帝。**

沉稳帝王
颛顼

zhuān xū

本 名
> 高阳

特 点
> 沉稳干练、通晓事理、品德高尚

成 就
> 顺天应地、教化万民

颛顼
帝

黄帝死后，他的孙子**高阳**有高尚的品德，**大家拥他为首领，称颛顼帝**。他沉静稳练而有机谋，通达而知事理。在颛顼帝的治理期间，**因地制宜种植庄稼，充分利用地利**，推算四时节令以顺应自然，按照祖宗和神灵的旨意指导人们的行为，以**阴阳五行的**原则教化人民。

春

夏

秋

冬

11

和谐君主 帝喾（kù）

帝喾

帝喾高辛是黄帝的曾孙、颛顼的侄子，天生聪慧、有灵气，刚出生就会叫自己的名字。他即位后，广施恩泽，利及万物，从不为已谋私。他聪明善辨，能知晓未来之事，能明察秋毫，从细微处察觉征兆。他顺应上天之意，体恤百姓难处。他仁爱而有威严，施恩泽而讲信义，因品德高尚而让天下顺服。

他按照**节候**使用大地所生之物，不失时机地教授人们生产和生活；**依照日月运行规律定出历法、节气**，并按时对这些节气举行迎送的祭祀之礼。据说，在帝喾的治理下，凡是日月所照、风雨所及的地方，没有人不归服。

尧舍丹朱
而考察舜

本 名
> 放勋

特 点
> 宽厚仁和、知人善用

成 就
> 天下大治

帝

尧

帝喾死后，他的儿子挚即位。挚在位时没有什么功绩，后来他的弟弟继位了，这就是尧。

尧的名字叫放勋，据说他仁德如天、智慧如神。人们接近他，就像太阳一样温暖人心；仰望他，就像彩云一般覆润大地。他明确了百官的职责，并进一步拓展到天下，使各诸侯都变得融洽和睦。他还制定**历法**，告诉百姓播种和收获的季节。

我们要发展农业，让百姓不再有饥荒。

岁月如梭，尧很快就老了。一天，尧召集群臣议事。尧问群臣："谁能继承我的事业？"放齐说："我推荐您的儿子丹朱，他通情达理……"尧说："不行不行，那小子性情愚顽，脾气又不好。"驩兜说："共工能聚集起民众做出一番业绩，是可用

之才。"尧说："共工爱讲漂亮话，不老实，对人恭敬只是表面现象，这样的人不能用。"

尧又问四岳（四方诸侯之长）："现在黄河泛滥，洪水滔天，百姓苦不堪言。四岳，你们说说看，有谁能担任治水的重任？四岳都说鲧可以任用。尧说："鲧常常不听命令，伤害同僚，不能用……"四岳说："不会吧，但没有比鲧更合适的了。要不先让他试试，不行再换。尧于是听从他们的建议，试着让鲧治水。鲧花了九年的时间治水，结果没有一点成效。

尧又召集四岳议事。尧问："四岳啊，我在位七十年，年纪已经很大了，你们当中谁能接替我的帝位呢？"四岳异口同声地说："我们的德行鄙陋得很，不敢玷污帝位。"尧说：**"那就从亲贵或隐士当中推举吧。"**于是，大家都表示，民间有一个叫虞舜的青年，品德非常好。他是盲人的儿子。父亲愚昧，母亲顽固，弟弟傲慢，但他却能用善良感化他们，不和他们冲突。尧听完后，决定先考察一下舜。

我们的德行鄙陋得很，不敢玷污帝位。

尧把他的两个女儿嫁给舜，借以观察舜的德行。舜的夫人们非常懂礼数，不仅勤俭持家，还孝顺长辈。尧认为舜做得很好，接下来又让**他参与管理各种政务**。百官因此各司其职，秩序井然。尧又让舜负责接待四方前来朝见的部落，**考察舜的外交能力**。舜让各部落的使臣们心悦诚服。最后，尧又让舜视察山川水泽。不仅暴风雨没有让舜迷路，猛兽也没有让他退缩……

考察的过程中，尧看到舜具有良好的品德和出众的能力便放下心来，于是对舜说："三年来，你做事周密，说过的话就能做到。我决定让你来接替我的帝位。我把帝位传给你，**是让天下人受益**而只对丹朱一人不利；若传给丹朱，是让天下人受苦而丹朱一人得利。我不能为了让一个人得利而让天下人受苦啊！"

不能为了一个人得利而让天下人受苦啊！

后来，舜又经过一系列管理天下的锻炼，很好地继承了尧的事业。**尧把帝位让给舜，而不是自己的儿子，这种做法被称为"禅让"**。舜在位期间，百姓生活安定，农牧业年年丰收。由于优良的政绩，他和**黄帝、颛顼、帝喾、尧一起被后人尊称为"五帝"**，是中华民族共同的祖先。

舜帝仁孝行天下

本 名
▶ 重华

特 点
▶ 孝顺、勤勉

成 就
▶ 选贤举能，设立了管理刑狱、礼仪、农业等的
官吏，促进氏族向国家转变

舜本名叫重华，父亲瞽（gǔ）叟、继母和弟弟象都把他当成眼中钉，总想迫害他。舜犯了一点小错，就会被重罚，而他的父亲瞽叟还常常想要杀掉他。幸好舜每次都躲过了，在这种恶劣环境中长大的舜，**依旧保持着善待弟弟、孝顺父母的好品格**。

舜在历山耕种，那里的人不仅不越地界，还互相推让；在雷泽捕鱼，那里的人就不排外，谁都可以来居住；在黄河岸边制作陶器，那里就完全没有次品了。舜在一个地方住上一年后，那里就能成为一个村落，两年后就成为小城，三年后就成为大城。

　　舜三十岁的时候被尧任用。 经过初步考察，尧对他的表现很满意，还赐给他一套细葛布衣服和一把琴，为他建造仓库，并赐给他牛和羊。尽管如此，舜的家人仍然想害死他。

　　一天，瞽叟让舜登高去用泥土修补谷仓。舜爬上房顶后，瞽叟撤掉梯子，在下面拿火把焚烧谷仓。舜看到房顶上有两个斗笠，便学习飞鸟的样子，用两个斗笠做翅膀，从谷仓扇动着跳下来。瞽叟见一计不成又施一计，支使舜去挖井，舜一口答应。等舜到了井下，瞽叟和象一起往井里填土。但是他们没有想到，干活非常有效率的舜，早已在井壁上挖好了出口，舜赶紧从旁边的暗道爬出去逃掉了。

瞽叟和象以为舜死了，便张罗着瓜分舜的财产。象在舜的屋里，弹着舜的琴，开心地唱着歌。没想到这时，舜回来了！象既惊愕又害怕。但舜好像什么也没发生过一样，一如既往地孝顺父母、友爱兄弟，即使后来做了首领也没有改变。

　　舜开始管理政事时，举用了尧没有举用过的贤人，让高阳氏和高辛氏中八位出色的人才管理水利农作和教化民众。把四个氏族中为非作歹的子弟流放到边疆，去抵御那里的妖魔鬼怪。舜即位之后，**广招贤能、施行仁政**，发扬光大尧的美德，**天下理想的政德**便是从帝舜开始的。

很多学者都称述五帝，五帝所处的年代离现在已经很久远了。《尚书》只记载着尧以来的史实，而各家叙说黄帝，文字粗疏而不典范。孔子传下来的《宰予问五帝德》及《帝系姓》，读书人有的也不传习。我曾经往西到过崆峒，往北路过涿鹿，往东到过大海，往南渡过长江、淮水，所到过的地方，那里的老前辈们往往谈到他们各自所听说的黄帝、尧、舜的事迹，风俗教化都有不同，总之，我认为那些与古文经籍记载相符的说法，接近正确。我研读了《春秋》《国语》，它们对《五帝德》《帝系姓》的记录都很明了，只是人们不曾深入考求，其实它们的记述都不是虚妄之说。《尚书》残缺已经有好长时间了，但散轶的记载却常常可以从其他书中找到。只有好学深思的人才能理解，而一般的人想要学习就很难了。我把这些材料加以评议、编次，选择了那些言辞特别雅正的著录下来，写成这篇本纪，列于全书开头。

肥水也流外人田——禅让制

我们都知道，尧、舜、禹是通过"禅让"的方式来获得帝位的，即某一位统治者已经年老力衰，没有精力继续统治整个部落或国家，就通过遴选、推荐、考察等一系列程序将王位传给贤能的外人，再经过"禅让"代代相传。

我年纪大了，以后你就做天下的王吧。

那么，我们的老祖先为什么不把江山社稷传给自己的兄弟或子孙，而是要拱手让与他人呢？

其实这是由时代造就的。在上古时期，社会生产力十分低下，那时的人们不光每天为吃饭问题而发愁，还经常受到大自然的威胁。所以，为了生存，人们只好以部落联盟的形式聚居在一起，并选出一位有能力、有德行的人当首领，让他带领大家抵御各种风险考验。除此之外，由于大家都生活在一起，有饭同吃，有活同干，没有人能够获得足够多的私有财产，这就为禅让制的产生提供了物质基础。

夏本纪

　　相传，夏部族由一个古老的大部落发展而来的，部族首领禹因治水有功，接受禅让继位，建立了历史上第一个奴隶制国家——夏朝。

　　夏朝曾被其他部族统治，经历几十年没有真正帝王领导的时期，直到少康时才夺回政权。夏朝延续了约四百七十年，最后因为夏桀的残暴无度，被商朝所灭。

大禹治水
划九州

本　名
> 姒文命

特　点
> 有恒心和毅力、重视实践、勤政爱民

成　就
> 治理洪水，划定九州，铸造九鼎，建立夏朝

夏禹是黄帝的玄孙，颛顼帝的孙子，鲧的儿子。

　　尧在位时期，由于洪水泛滥，百姓苦不堪言。为了解除水患，尧召集众人共商治水大计。群臣，尤其是四岳一致推荐了禹的父亲鲧。尧说："不行不行，鲧是个死脑筋，人品还差，不能用！"四岳说："现在没有比他更合适的人选了，希望您让他试试。"于是尧听从四岳的意见，起用鲧治理洪水。鲧治理了九年，毫无成效，洪水依然泛滥。

这时，**尧任用舜代理执行天子的职守**。舜将治水无功的鲧流放在羽山。接着，他让鲧的儿子**禹去治水**。

禹和益、后稷率领诸侯百官踏上了治水的征程。为了了解高山大河的分布和走向，禹准绳规矩不离手，顺着山势砍削树木作为标志，确定了**治理规划**。他伤感于先父鲧没有完成治水的事业而受到惩罚，就奔波劳碌，辛勤工作。在这期间，禹三次路过家门而不入。

经过**十三年的努力**，**禹凿通了九座大山，疏通了九条大河，修筑了九处湖泽堤坝，划定了九州的界限**，最终把为害多年的水患治理好了，让百姓告别了居无定所的日子。

禹还划定王城之外五百里的地区为甸服，并要求甸服内每隔一百里的地区缴纳的东西不同。在甸服以外，以五百里为一区划分，按离王城的远近分为侯服、绥服、要服、荒服。每个区域承担不同的职责，以确保天子和百姓的安全。

因治水有功，推举贤人，及时进谏，辅助舜完成工作，禹得到了天下人的支持。于是，**舜把位子禅让给了禹**。

天下为家

本　名

➤ 姒启

特　点

➤ 尊贤任能、敢想敢干

成　就

➤ 确立世袭制

　　舜去世后，禹为了辞让帝位给舜的儿子商均，躲到阳城隐居。天下的官员不去朝拜商均，而去朝拜禹。于是，**禹继位，定国号为夏后**。

　　禹当国君不久，就推举皋陶当继承人，想让皋陶全权处理政务。但是，皋陶没等继位就死了。禹又推举益出来处理政务。

益

禹死后，益把位子让给禹的儿子启，自己跑去隐居。因为益辅佐禹的时间不长，天下人并不服他。而启深得人心，所以，诸侯都去朝拜启。就这样，启继承帝位，成为夏的国君。从此，**世袭制代替了禅让制**，中国历史从此进入"家天下"的时代。

大家都跑到启那里去了。

启做了国君后，有扈氏部族不服气，于是双方在甘地（在今河南洛阳）对战。开战前，启还发表誓词："六军将领们，有扈氏部族作恶多端，天要亡他们。如今，我遵天命，带你们去讨伐他们。车左的士兵不能从左边杀敌，车右的射手不能从右边杀敌，就是不服从命令；中间的驭手不懂得驾驭战马的技术，也是不服从命令。听从命令的，我就在祖先神灵面前奖赏他；不听从命令的，我就杀掉他，把他的家人变成奴隶！"就这样，有扈氏部族被灭。自此，天下归顺启。

暴君夏桀

夏桀

本　名
> 姒履癸

特　点
> 荒淫暴虐、刚愎自用、听信谗言

结　局
> 导致夏朝灭亡，得暴君称号

　　启去世后，继位的是他的儿子太康。太康因不思治国，酷爱游猎而失去王位。好在夏国有个王族后裔叫少康。他励精图治，又把政权夺了回来，还治理得蒸蒸日上。传了几代之后，夏朝逐渐衰落。**夏朝最后的国君是桀，又称夏桀。**

　　此时，越来越多的诸侯背叛了夏朝，夏桀不施行德政，试图挽回颓势，还用武力伤害官员和百姓，因此大失民心。另外，他还把商部族的首领汤抓来，囚禁在夏台。汤被释放后，修行德业，各部族都来归顺后，就率兵把夏朝灭了。

我要东方的珍珠！
西方的美女！

殷本纪

商是一个古老的部落，始祖叫作契。契曾协助禹治水，于是被封于商。公元前1600年，商汤灭了夏朝后，商朝正式建立，定都亳，成为我国历史上第二个奴隶制王朝。后盘庚迁都于殷，所以商也被称为殷商。

《殷本纪》描绘了商朝部族兴起和商王朝由建立直至灭亡五百多年的起起落落。

商汤灭夏

本 名

➤ 子履

特 点

➤ 选贤举能、领导力强、心胸宽广

成 就

➤ 灭夏建商，施仁政，德化天下

商

汤

商的祖先叫契，他的父亲是帝喾，母亲叫简狄。传说简狄在河边沐浴，见燕子生下一个卵，便捡来吃了，于是怀孕生下了契。契长大后，协助大禹治水，被分封在商地。

商部落经历八次迁都，到首领**成汤**时，**他把都城迁回祖先建都的地方——亳邑**。他是成汤一方部族首领的统领，可以征伐不守规矩的部族。葛国之君不守祭祀之礼，成汤对他进行讨伐。成汤说："人从水中可以照见自己的容貌，从众人的反应中可以得知政治是否清明。"伊尹回答："这话说得很好，只有听取百官的意见，帝王的管理水平才能提高。"

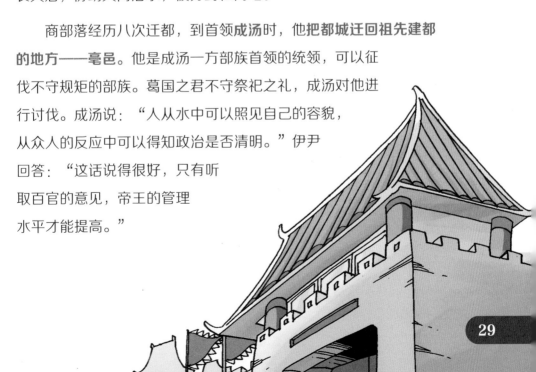

伊尹原本是个陪嫁奴隶，他厨艺精湛，才华横溢，用做菜的道理比喻治国之道，向成汤献计献策。成汤破格重用伊尹，让他协助自己治理国家。

有一天，成汤外出游猎，看到猎场四面张网，猎人祝告说："愿天下四方的鸟兽都落入我的网中。"成汤觉得这样不行，命令手下去撤网："这不是把鸟兽都一网打尽了吗？去把三面撤掉，只留一面。"同时，还把祷告辞改为："想从左边走的，向左；想从右边走的，向右；不听指挥的，落入我的网中。"这就是**"网开一面"**的故事，人们听说后，无不称赞成汤的仁德。

而此时，夏朝的国君夏桀欺压百姓，大失人心；同时，也有部族作乱。商汤举兵，率领军队先去征伐作乱的部族，又去征伐夏桀。

成汤对众士兵说："你们都过来，听我讲话！夏桀越来越残暴，百姓深受其苦，我决心推翻夏桀的统治！现在是上天让我们诛灭夏桀！如果你们跟着我去讨伐他，我会给以厚赏；如果有临阵退缩的，我也绝不宽恕。"商汤假托天命，集合军队，正式起兵攻夏。两军在重镇鸣条相遇，商汤身先士卒，带领全军将士冲锋陷阵。

夏桀战败后，逃到了鸣条，夏朝的军队被彻底消灭。就这样，**商汤做了商朝的开国国君。**

商汤灭夏的动员书——《汤誓》

在商汤吹响消灭夏桀号角的前夕，他曾对全体将士发出了隆重的总动员，这就是历史上有名的《汤誓》。《史记》中记录了这份动员书，下面是它的译文：

商汤说："来，你们到这儿来，都仔细听我说。不是我个人敢于兴兵作乱，是因为夏桀犯下了很多的罪行。现在你们说：'我们的国君不体恤我们，抛开我们的农事不管，却要去征伐打仗。'可是夏桀有罪啊，我畏惧上天，不敢不去征伐。你们或许还会问：'夏桀有罪，他的罪行究竟是什么？'夏桀君臣大量徭役，耗尽了夏国的民力；又重加盘剥，掠光了夏国的资财。夏国的民众都在怠工，不与他合作。他们说'这个太阳什么时候灭亡，我宁愿和你一起灭亡'！夏王的德行已经到这种地步，现在我一定要去讨伐他！希望你们和我一起来奉行上天降下的惩罚，我会重重地奖赏你们。你们不要怀疑，我绝不会说话不算数。如果你们违抗我的命令，我就要惩罚你们，概不宽赦！"

盘庚迁都

本 名
➤ 子旬

特 点
➤ 敢想敢干、果断、治国能力强

成 就
➤ 迁都于殷，复兴商朝

盘庚是商朝的第二十位国君。

从成汤到盘庚共有五次迁都，一直没有固定的国都，这让人们怨声载道，不愿再受迁都之苦。盘庚于是告谕诸侯大臣说："从前，伟大的成汤和你们的祖先一起平定天下，他们制定的规章是应该继续奉行的，如果舍弃这些旧章典，不努力，怎能创造业绩！"他即位后，率众迁回成汤时的故都亳邑。

后来，盘庚又带着平民和奴隶渡过黄河，搬迁到**殷地，以殷为都城**。此后，商朝又一次兴盛起来，诸侯也纷纷前来朝贡。殷地因此发展成为一个十分繁荣的都市，而**商朝也被称为殷朝、殷商**。

酷爱迁都的商朝

亳、嚣、相、殷……商朝到底有几个都城啊？

在中国古代，各朝各代都有迁都的情况，毕竟都城位置的选择关乎一国之本，而在众多有过迁都经历的王朝中，商朝就显得有些"过分"了。

据史料记载，在汤建立商朝之前，就已经迁都八次，而从汤到盘庚，又迁都了五次。对于这五次迁都的时间和地点，史书上说法不一，但可以肯定的是，商朝迁都十分频繁，甚至超过了十次。

那么，为什么商朝要频繁迁都呢？这其中既有躲避黄河水患，求得安居乐业的因素，也有出于开辟新耕地，养活更多人口的考虑，还有一定的政治原因，如盘庚迁都就是为了远离那些生活奢靡、欺压百姓的旧贵族，借此缓和阶级矛盾。

盘庚将都城迁到殷地后，由于土地肥沃，气候良好，又免受黄河的威胁，商朝此后再没了迁都的打算，直至灭亡。

武丁盛世

本 名
> 子昭

特 点
> 敢于打破常规用人

成 就
> 复兴商朝，开创武丁盛世

　　武丁是商朝第二十三代国君。他继位后，想振兴国家，但一直没有找到得力的辅佐大臣，于是三年之内不动声色，把政事全交给大臣，**自己则去考察民情。**

我要振兴国家，这帮好吃懒做的家伙靠得住吗……

武丁夜里梦见一个名叫"说"的能人，就派人去寻找，结果发现说是个苦役犯。说被找到的时候，正在傅险（地名）修路。

这就是我梦到的治国能人。

傅说

大王做事真是与众不同！

武丁和说交谈后，发现他果真是个有能力、有学问的人。于是，说就破格任用。由于，武丁将傅作为他的姓氏，称他为傅说。

武丁施行仁德政，商朝的国运又重新昌盛起来。

无道商纣

本 名
▶ 子辛

特 点
▶ 沉湎酒色、穷兵黩武、重刑厚敛、拒谏饰非

结 局
▶ 使商朝灭亡

纣王

　　商纣王是商朝最后一位君主。他天资聪慧，头脑反应速度快。另外，他还是个大力士，据说能徒手与猛兽格斗。他的机智足以拒绝臣子的规劝，他的口才足以掩饰自己的过错。所以，纣王听不进臣子的规劝，且经常炫耀自己的才能，吹嘘自己的声名，认为自己的本领天下第一。

他和宠妃妲己日夜寻欢享乐，还拼命地压榨百姓，将搜刮来的宝物堆满了鹿台的钱库。在朝歌边上的巨桥建造超级大仓库，里面堆满了搜刮来的粮食和珠宝；又大肆扩建沙丘行宫，将珍禽走兽放置其中，供其欣赏捕猎。百姓有表达怨恨的，诸侯有背叛他的，纣王就施以酷刑，还为此创造了**炮烙之刑**。

这时，三公之一的西伯侯姬昌听说纣王的暴政，暗自叹气，为国家命运担心。结果被大臣崇侯虎告发。纣王大怒，将他囚禁在羑（yǒu）里。姬昌的臣子找到一些美女、珍宝、良马献给纣王，姬昌才得以释放。姬昌出狱后，把洛水以西的地盘献给纣王，请求他废除炮烙之刑。纣王答应了，还授予他**征伐之权**，让他充当**西方的诸侯之长**。

姬昌回到周国后，暗中发展势力，渐渐强大起来。姬昌消灭几个诸侯国后，纣王的大臣祖伊察觉苗头不对，他向纣王劝谏："现在百姓没有一个不盼望商朝灭亡，他们说：'老天爷为什么不显示威灵，商王的死期为什么还不来？'您打算怎么办呢？"纣王却说："我的权力与富贵不是来自天命吗？别人能把我怎么样！"纣王已经不可救药了。很多人纷纷离开商朝都城，连纣王的哥哥微子也走了。

比干不肯离去，他还在苦苦规劝纣王。纣王非常生气地说："听说圣人的心有七个孔，你的是不是？"于是，命人剖开了比干的胸膛，把他的心挖出来看看。

箕子见纣王如此暴虐，只得装疯去给人家当奴隶，纣王知道后，就把他关了起来。

商朝的太师、少师逃到了周国。姬昌的儿子姬发见时机已到，联合各路人马，起兵伐纣。纣王派兵迎击。双方在商朝都城朝歌西南的牧野展开了一场大战。

结果，商朝士兵纷纷倒戈。商朝军队惨败，纣王仓皇登上鹿台，穿上宝玉衣，纵火自焚了。

周本纪

周的祖先是掌管农业的弃，也叫后稷。他负责指导百姓进行农业生产。商朝末期，周国逐渐强大。周武王灭商后，建立了中国历史上寿命最长的朝代——周朝。

周朝延续了七百九十年，前半段叫西周，后半段叫东周。东周时诸侯国强大，各自为政，也被称为春秋战国时代。最后，战国末期，秦庄襄王举兵灭了东周。

农师后稷

本　名
➤ 姬弃

特　点
➤ 勤劳心善、喜好种地

成　就
➤ 辅佐大禹治水，教民稼穑

后稷

　　周的始祖后稷，也叫弃。弃的母亲叫姜原，是帝喾的正妃。传说，姜原去野外郊游时，看见一个巨人的大脚印。她上去踩了一脚，结果便怀孕，生下了一个男孩。姜原觉得这孩子不吉利，就把他丢弃了。结果，动物都来庇护他。姜原觉得这个男孩很神奇，就把他抱回来养大，取名为弃。

　　弃从小就与众不同，志向远大，特别喜欢种植庄稼。弃长大后，在农业方面已经积累了很多经验，民众都来向他学习。弃毫无保留地把农耕知识传授给大家。尧听说后，就让他做了**掌管农业生产的农师**，教百姓种五谷，让人们逐渐摆脱了饥饿。

　　夏朝后期，不重视农业生产，弃的后代就带着族人到了戎狄地区。弃的族人也就是周人，他们坚守农耕，部族变得非常富有，出门有盘缠，在家有积蓄，人们纷纷归附。

文武之帝

本 名
> 姬昌

特 点
> 礼贤下士、贤德仁义

成 就
> 推演《周易》，为周武王灭商奠定基础

周文王

　　几百年后，**姬昌继位，就是周文王**。他恭行仁义，礼贤下士，很多士人都来归附他。

　　当时，虞、芮两国的人民有矛盾不能解决，就来到周国，请周文王裁决。进入周国的国界，他们发现耕地的人都相互推让地界，百姓都对年长的人谦让。这让两国的人都非常惭愧。他们说："我们所争执的，正是周国人感到羞耻的，还去找姬昌干什么？那只是自取其辱罢了。"说完便离开了。诸侯们听说这件事后，都认为周文王是秉承天命、降临人世的天下共主。

本 名
> 姬发

特 点
> 重用贤臣、有号召力

成 就
> 灭商建周

周文王死后，他的儿子**姬发**，也就是**周武王继位**。周武王在太师姜子牙，兄弟周公、召公等人的辅佐下，**灭商朝，建立周朝，自称周天子**。

周武王进入商朝都城朝歌，释放被纣王囚禁的箕（jī）子和百官贵族，散发鹿台中积存的钱财和粮仓中的粮食，修缮了比干的坟墓，封了很多诸侯国。**姜子牙被封在营丘，国号为齐**。周公被封在鲁国，召公被封在燕国。

周武王在镐京（在今陕西西安）**规划了周朝都城的建设**，接着，又下令，把战马放到华山的南面，把牛放到桃林的荒野，收缴武器，解散军队，向天下表示战乱结束，不再用兵。

周武王在位仅四年就病逝了。

国人暴动

本 名
> 姬胡

特 点
> 贪图财利、横征暴敛

结 局
> 厉王止谤，导致国人暴动

周厉王是周朝第十位天子。他爱财如命，重用荣夷公，大肆敛财。大臣芮良夫劝谏他："天下的财物应由天下人分享，谁都想独占，必将招来众怒。一个普通人独占别人的财物，会被当成强盗。您拿了全国的财富，百姓会怎样看待您呢？那个贼眉鼠眼的荣夷公若被重用，周朝必衰败。"可惜，周厉王哪里听得进去。

荣夷公

周朝国都里的人纷纷指责周厉王。大臣召公劝谏周厉王。周厉王不听劝阻，反而在卫国找了个神巫，让他去大街小巷监督百姓。人们在一起闲聊居然也要被抓走。到后来，人们都不敢说话了，在路上碰面，只能用眼神交流。

见没有人议论自己了，厉王很得意，向召公炫耀说："看吧，我能平息人们的怨言，他们连话都不敢讲。"召公却说："这是因为您把他们的嘴堵起来了。堵住人们的嘴，就好比堵住洪水一样，一旦决堤，那危险可就大了！**治水要疏导，治民要让人畅所欲言**。光靠堵，能维持多久？"周厉王听不进去。后来，大家更不敢说话了。

现在你还听得到百姓的怨言吗？

大王，要防止老百姓不满的议论比防止河水决堤还难（防民之口，甚于防川）。

召公

　　三年后（公元前841年），**百姓们忍无可忍，终于举行了一次大规模的暴动。**周厉王出奔到彘地。太子静（后来的周宣王）藏在召公家里。人们包围了召公家。忠心耿耿的召公忍痛把自己的儿子交了出去。太子静保住了性命。

　　周公和召公共同代管国家，这在历史上称为"共和行政"。周宣王长于召公家，即位后，由周公和召公辅佐，修政复兴，使各路诸侯前来朝拜。

周公

周宣王

召公

烽火戏诸侯

本　名
▶ 姬宫涅

特　点
▶ 贪图财利、横征暴敛、贪色

结　局
▶ 烽火戏诸侯，使西周被灭

周幽王

周宣王死后，他的儿子**姬宫涅**继位，就是**周幽王**。

　　周幽王宠爱褒姒，褒姒却不爱笑。周幽王用各种各样的办法想让她笑，她就是不笑。于是，周幽王派人将烽火点起。各地诸侯见了，以为有紧急军情，带着大队人马纷纷赶来救援。到了之后，他们发现，一个敌人都没有。褒姒见此情景，居然大笑起来。

后来，周幽王多次为褒姒点燃烽火，戏弄诸侯。这以后，烽火就失去了信用，诸侯也渐渐地不来了。周幽王还把申王后和太子宜臼废了，立褒姒为后，立褒姒的儿子伯服为太子。申后的父亲是申国的诸侯，对此十分不满，就联合犬戎攻打周幽王。

周幽王点燃烽火，却无人来救。最后，周幽王被杀，褒姒被俘虏，周朝国库中的宝物也被洗劫一空。申侯和各地诸侯拥立宜臼继承王位，这就是周平王。

公元前 770 年，**周平王为了躲避戎敌，将都城东迁到洛邑（在今河南洛阳），史称东周。**

古人是如何传递信息的

随着科技的进步，现代人传递信息是极其方便的，即使是相隔很远的两个人，也可以借助手机、电子邮箱、微信等方式进行交流。而在中国古代，我们的祖先是通过哪些方式传递信息的呢？

击鼓传令

用击鼓传递信息的方式，在我国古代很早就有了，据考证，殷商时期为了防范敌人来袭，商王不仅派重兵在边境把守，而且还设置一面面大铜鼓。一旦发现敌情，守鼓的士兵就会猛敲铜鼓，发出震耳的声响，然后一站接一站，鼓声频传，将敌情报告给天子。

烽火通信

早在周朝，先民们就已将烽火应用于战争中。从边境到都城，每隔一段距离就筑起一座烽火台，烽火台上放上干燥的柴草。当发现敌情时，士兵们就会一个接一个点起烽火报警，而诸侯们看到烽火，便马上派兵相助，共同抵抗敌人。

邮驿制度

　　早在西周时期就已经有了类似现在邮局那样的邮驿体系，由专门的信使在各地传递书信。隋唐时期，邮驿分为陆驿、水驿、水路兼备三种，各驿站设有驿舍，配有驿马、驿驴、驿船等。拿驿马来说，一旦有紧急事情，便有专门人员骑上驿马，日夜奔驰。单靠一匹马是跑不到目的地的，要到下一个驿站换人、换马，连续传递下去。

　　除此之外，古人还用信鸽、旗帜、风筝等方式来传递信息，可谓多种多样。

秦本纪

秦国人的祖先生活在中国大地西部。在周朝，秦人后裔非子因养马有功而被封秦地。在此之后，秦国先后出现了秦襄公、秦穆公、秦孝公、秦昭襄王等很有能力的君王，最终使秦国成了战国时期的强国。这篇《秦本纪》中就记录了这些明君为秦国统一大业做出的贡献。

但秦朝因为暴政存在了短短十四年就被推翻了，这也终结了秦国五百多年的历史。

秦人的祖先

秦的祖先是颛顼帝很多代后的孙女，名叫女修。传说有一天，女修在织布的时候，不小心吞了一枚燕子掉落的蛋，因此怀孕生下一个儿子，起名大业。大业的儿子叫大费，曾辅佐大禹治水。治水成功后，舜帝赏赐给他黑色旌旗飘带一根，还给他美女一名，祝他儿孙满堂。后来，大费帮助舜驯养鸟兽有功，被赐姓"嬴"。

女修

大费有两个儿子，一个是鸟俗氏；另一个是费氏。夏朝末年，费氏的玄孙费昌为商汤驾车，助其灭夏。商朝时，鸟俗氏的后代蜚廉和恶来父子俩，是商纣王的宠臣。

费昌

商汤

周朝时，蜚廉一个儿子的后代——造父为周穆王驾车有功，周穆王便把赵城赐给他。造父这一族便称为赵氏。他另一个儿子的后代——非子凭着养马的本事，得到了一块名为秦的封地，成为周朝的附庸。

西周末年，西戎大举入侵，攻破周都。秦襄公率兵奋力营救周王室，又武装护送周平王迁都，因此被封为诸侯。

秦襄公

羊皮换相

本 名
➤ 嬴任好

年 代
➤ 春秋中期

特 点
➤ 爱才、敢作敢为

成 就
➤ 称霸西戎

秦穆公·秦

秦穆公是秦国第九位君主，在位长达三十九年。期间，他善用贤才，励精图治，使秦国称霸各诸侯国。

哦？怎么有个奴仆半路上逃了？

秦穆公五年，晋国灭了虞国，俘虏了虞国大臣百里奚。这时，**百里奚**七十多岁了，还被晋献公当作女儿穆姬的陪嫁之人送到秦国。

结果，半路上百里奚趁人不备逃了，没想到在楚国又被抓住。

秦穆公胸怀大志，得知百里奚是个人才，准备重金赎回，又怕楚国人不给。秦穆公心想：楚国现在应该不知道百里奚是个人才。如果我用重金去换他，不就等于告诉楚王，我想重用百里奚吗？那楚王还肯放他走吗？他想到一个主意，便派使者对楚国人说："我们秦国陪嫁的奴仆百里奚逃到了你们这里，我们想用**五张黑羊皮**将他赎回。"楚国人果然痛快答应，将百里奚交给了秦国。

快，准备五张黑羊皮，赎回百里奚。

秦穆公和百里奚谈论国事。百里奚推辞说："我是亡国之臣，不值得您这么做？"秦穆公说："虞国不任用您，所以亡国了，这不是您的罪过。"秦穆公坚持向百里奚请教，两人一连谈论了三天。秦穆公非常高兴，封百里奚为五羖大夫，让他管理国家。后来，百里奚推荐了蹇叔："臣有个朋友叫蹇叔，他的才能远远胜过臣。"于是，秦穆公派人请来了蹇叔，发现他果然是个有远见的人，便封他为上大夫。

蹇叔

百里奚

秦晋争霸

公元前 651 年，晋国发生内乱，国君之位空缺，公子重耳和夷吾数年前已出逃，至今流落在外。公子夷吾想回晋国为君，就去找秦国帮忙，他对秦君说："我要是当上国君，就拿出八座城来答谢秦国！"在秦国的武装护送下，**公子夷吾回国为君，即晋惠公。** 可是，他却不认账了……

后来，晋国大旱，晋惠公派人向秦国求粮。丕豹劝秦穆公："国君，粮食不能给！这是天赐良机，我们正好借机灭掉晋国。"

丕豹

这是天赐良机，我们正好借机灭掉晋国。

公孙支却说："灾荒和丰收本是交替出现的事，晋荒秦救，秦荒则晋救，不能不给。"百里奚也说："夷吾得罪了秦国，但是晋国百姓是无辜的。"于是，**秦穆公采纳了公孙支和百里奚的意见，运送大批粮食给晋国救灾**。之后，秦国水路用船，陆路用车，从雍城（今陕西凤翔）出发，把粮食源源不断地运到晋国绛城（今山西翼城）。

两年后，秦国也发生了饥荒，向晋国借粮。结果，晋国背信弃义，还出兵攻打秦国。秦穆公大怒，亲自带兵迎敌。两军大战于韩原（今山西稷山）。晋惠公甩下主力部队，冲在最前面，结果在转弯的时候马被绊住了，动弹不得。秦穆公与部下快速纵马驱车赶来："快！活捉晋君！"

岂料，此时晋军从背后包抄，反将秦穆公包围。秦军无法破敌，即将败北。正在这种危急时刻，晋军背后突然杀出三百多乡野村民，不但解救了秦穆公，还将晋君夷吾擒获。

原来，秦穆公曾丢失骏马，被这群人抓到杀掉吃了。官吏捉到这群偷马贼后，准备将他们绳之以法。秦穆公知道后，说："寡人这一生爱马如命，但君子不会为牲畜而杀人。而且寡人听说吃马肉不喝酒伤身，来人，赐给他们酒喝！"于是，两军交战时，这群人见秦穆公被困，都拼死一战，以报食马之德。

秦穆公抓晋惠公回来，本想杀掉他当祭品。结果，周天子和秦穆公的夫人纷纷替他求情。秦穆公便放了晋惠公。晋惠公回国后，把之前许诺的河西八城兑现了，**秦国领土因此往东扩张，直至黄河边。**晋惠公死后，秦穆公帮助公子**重耳**回晋国即位。他**就是晋文公**。秦穆公还将女儿嫁给了他。

崤山大战

公元前 628 年，晋文公和郑国国君几乎同时去世。**秦穆公想趁机向东拓展版图。**这时，有人向秦国出卖了郑国："我掌管郑国都城北门的钥匙，你们快来偷袭呀。"

秦穆公询问元老百里奚和蹇叔的意见。二人回答："大军跑千里之外去攻打人家，这能叫偷袭吗？而且，郑国有我们的奸细，我们这里说不定也有郑国的奸细，中途被人袭击就惨了。"这次，一向英明仁义的秦穆公没有听从老臣的建议，派百里奚的儿子孟明视和蹇叔的儿子西乞术、白乙丙为将军，率兵前去偷袭郑国。

出发那天，送行的百里奚、蹇叔对即将出征的将士痛哭。秦穆公生气地说："你们拦着大军哭什么？"两位老人说："如今我们年岁已高，他们如果回来晚了，恐怕就见不着我们了，所以我们才要哭。"

大军跑千里外去攻打人家，这能叫偷袭吗？

若走漏了风声，中途被人袭击就惨了。

公元前 627 年春，大军赶到了滑国（在今河南偃师东南）。郑国商人弦高正赶着十二头牛，打算去周地做买卖。他看见秦国的军队，害怕自己被秦兵捉去杀掉，就装成郑国的使者，前去拜见秦军："我们国君知道你们要来，特地派我送来十二头肥牛，慰劳贵军将士。"

秦国的三位将领听罢相互商量说："糟糕，我们的行踪暴露了。郑国已有准备，恐怕攻不下来。"于是，秦军就近把滑国灭了，想着回去多少有个交代了。

消息很快传到了晋国。此时，晋文公死后还没有下葬。守孝的太子（后来继承晋国王位的晋襄公）觉得这是对自己的欺辱，于是**出兵崤山，伏击回师的秦军**，并俘虏了三名将领。晋文公的夫人是秦穆公的女儿，出面为秦将求情，她说："败军之将一定会受到国君的严惩。不如放了他们，让秦君去治他们的罪吧！"于是，晋襄公放那三人回国。

秦穆公穿着白色丧服前去迎接他们，主动承担了战败的全部责任，还让他们官复原职，比过去更加厚待他们。

几年后，准备充分的秦军出击晋国，发誓要一雪前耻。结果秦军大胜，一举夺回了上次丢掉的两座城，为**崤山之战**报了仇。随后，秦穆公来到崤山，掩埋当年战死的秦军尸骨。

称霸西戎

这时，西戎首领听说秦穆公治国有方，派**由余出使秦国学习经验**。由余的祖先是晋国人，后来逃到西戎。因此，由余能说一口晋国方言。

由余到了秦国，秦穆公先向他炫耀了奢华的宫室和财宝。可由余说："这些宫室积蓄，如果是让鬼神营造，那么就使鬼神劳累了；如果是让百姓营造的，那么也使百姓受苦了。"

秦穆公感到很奇怪，问他："中原各国靠法律和道德来治理国家，还时不时出现几个造反的。你们西戎没有这些，靠什么治理国家？"由余回答说："这些就是发生动乱的病根！上古黄帝创造了道德与法律，自己带头执行，所以天下太平。后来的君主荒淫无度，却要百姓安贫乐道，遵纪守法，这才导致上下怨恨，动乱不止。我们戎族不是这样的。**君王真心厚待百姓，百姓也忠于君王**，治理整个国家就像管理一个人似的。"

我们靠的是仁德，上下一心。

有道理！

由余的见解让秦穆公很受震动。退朝后，秦穆公担心地问内史廖："寡人听说邻国有圣人，是敌国之忧。如今，落后的西戎有这样见识非凡的人才，是我们的大患，可怎么办呢？"

内史廖出了一个留下由余的计谋：先送一些歌伎舞女给西戎首领，让戎王沉迷酒色，消磨他的志向；再让由余延期回国，戎王一定会起疑心。君臣彼此猜疑，我们就能把由余争取过来！

于是，秦穆公向由余询问西戎的地形和兵力，把情况了解得一清二楚，又令内史廖给戎王送去了十六名歌伎。戎王得到美女后，非常喜欢，逐渐荒废国事。这时，秦穆公才把由余放回去。由余看到戎地情况不好，多次向戎王进谏，但戎王一点也听不进去。秦穆公又屡次派人秘密邀请由余，由余就投靠了秦穆公。

公元前623年，秦国采用由余的计策，攻打西戎取得胜利，讨伐戎王，兼并十二国，拓展土地千余里，**称霸西戎。**

孝公中兴

本 名
▶ 嬴渠梁

年 代
▶ 战国中期

特 点
▶ 心智坚定、有雄心

成 就
▶ 任用商鞅变法，富国强兵

秦孝公

穆公以后，厉公、躁公、简公、出子时期历次内乱，大幅损耗了秦国国力。原本臣服的西戎小国纷纷脱离了秦国的控制，魏国夺走了河西的土地，连衰微的周王室也不拿秦国当回事了。

直到秦国第二十五位君王**秦孝公即位**，他下达求贤令："谁能提出让秦国强大的办法，大王将授予高官，并赐给封地。"卫国人卫鞅来到秦国，拜见秦孝公。卫鞅就是后来的商鞅，他劝说孝公实行变法，鼓励农耕，奖励军功。刚开始变法时，百姓叫苦不迭，三年后，都觉得新法好了。

商鞅

几年后，秦国攻打魏国获胜。**公元前350年，秦国迁都至咸阳**，又把小乡小村合并为县，共设四十一个县，领土扩展到洛水以东。周天子封秦孝公为方伯，让他做诸侯的霸主。

秦国严格的"质保"体系

我们在兵马俑中见到在马车、兵器等物品上刻有文字，如"三年，吕不韦造，寺工"等。那么，这些文字到底有什么意义呢？

这行字其实是当时秦国实行的一种质量追查制度，叫作"物勒工名"，意思就是在物品上刻上生产信息和工匠名字。比如上面那段文字的意思就是：秦王政三年，在吕不韦的监造下，由某工匠生产。

秦法把全国的兵器生产管理分为四级：丞相吕不韦是全国兵器生产的最高监管者，称"相邦"；之下是"工师"，类似兵工厂的厂长，负责技术；再下面是丞（工师的副手，主管）；最后是负责具体制作的工匠。

《吕氏春秋》中有关于"物勒工名，以考其诚，工有不当，必行其罪"的记载，意思是工匠必须对自己的产品负责，如果出现问题，就会被治罪。

　　治罪轻的，要被鞭打，治罪重的甚至会被判死刑。例如，修建长城所用的砖就有严格的要求，每一块上面都有工匠名字，出现问题工匠就会被判死罪。

秦始皇本纪

　　秦始皇幼年历经波
折，十三岁继承王位，
二十二岁亲政。他对内
平定内乱，对外灭六国，
完成了前所未有的统一
大业，成为中国历史上
第一位皇帝。

　　这篇本纪记录了秦
始皇的一生，以及秦朝
的兴衰。

一统天下

本　名

➤ 嬴政

特　点

➤ 隐忍、刻薄寡恩、志向远大

成　就

➤ 统一六国，建立秦朝

结　局

➤ 病死沙丘

秦始皇的父亲叫**嬴异人（秦庄襄王）**，曾在赵国当人质。那时，大商人吕不韦正在赵国都城邯郸做生意，嬴异人在赵国见到他的宠妾赵姬，就娶了过来，生了嬴政。

公元前 247 年，十三岁的嬴政登上秦王的宝座。吕不韦以相邦的身份掌管朝政。宠臣嫪毐不但被封了侯，还有了自己的势力。后来，嫪毐调集守城部队，汇集家臣、侍卫等党羽，准备发动政变。

赢政知道后，临危不乱，派昌平君、昌文君前去攻击嫪毐，并在他逃走后通告全国，悬赏缉拿。这些人还没出咸阳，数百名叛军就被杀了。最后，嫪毐被五马分尸。之后，太后和吕不韦也被赢政惩罚……

赢政平定内乱后，开始着手进行统一天下的宏图大业。这时，尉缭来到秦国，献上拆散六国联盟的计策："大王要舍得用重金贿赂各国权臣，让他们去破坏六国联合。这样，只不过花费三十万金，就逐个消灭诸侯。"赢政采纳了他的计策，还以礼相待，而尉缭却想逃。

尉缭私下对人说："秦王这人，鼻梁高，眼睛长，胸膛如老鹰，声音如豺狼，刻薄寡恩，心如虎狼，有求于人时，他虚心诚恳，一旦被冒犯，就会残暴至极，对敌人也毫不手软。"秦王发现后，极力挽留，任命他为国尉，主管军事，让李斯管理国政。

前230年，秦灭韩。

前228年，秦灭赵。

前227年，燕国太子丹派出荆轲行刺嬴政，未成。

前225年，秦灭魏。

前224年，秦灭楚。

前222年，秦灭燕。

前221年，秦灭齐。

至此，六国全灭，**秦统一天下**。

秦王认为："王这个称呼已经不足以彰显我的丰功伟绩，寡人要换个称号。"众臣商量后认为："大王的成就是五帝所不能及的。古有天皇、地皇、泰皇，其中泰皇最尊贵，大王应该称泰皇。"秦王说："真没创意！去掉'泰'字，留下'皇'字，采用上古'帝'的位号，合称为'皇帝'。从此以后取消谥号，我就叫**'始皇帝'**，后世以数字相称，从二世、三世传到万世，无穷无尽！"

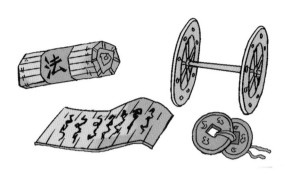

秦始皇采纳李斯的
建议，把天下分成三十
六郡，把权力集中在自
己手中。接着，他没收
民间一切兵器，运到咸
阳，熔炼成大钟和十二

个铜人，放置在宫殿里。之后，他**统一法令、度量衡、钱币、车轨的
尺寸和文字**。秦始皇做完这一切后，将六国富豪十二万户迁至咸阳，
加以监视。

在消灭六国的过程中，秦国每灭掉一个诸侯国，就让工匠们在咸
阳仿造一个该国的宫殿，再用天桥和环廊把这些宫殿连在一起。这些
宫殿从雍门以东开始，一直到泾水渭水交汇的地方。

古代秦兵所使用的装备

秦始皇灭亡六国统一天下，靠的是一支过硬的军队，那时的秦兵装备是怎么样的呢？

与兵马俑同时出土的还有大量秦剑，这是在秦兵中较为常见的武器。

那时，秦国铸剑师掌握了铜锡的合理配比，使青铜剑硬度和韧性达到最佳，且剑上还刻有制造的时间和负责打造的工匠名字。

不过，过长的剑身不容易拔出，这在荆轲刺秦王的故事中也描述过。

秦剑超过战国时期各国佩剑长度将近一倍，在近距离格斗中很有优势。

秦弩是当时士兵作战所使用的主要远程攻击武器。因为弩弦的力量很大，所以士兵只能用脚踩的方式来上弦。那时为了让弩身坚固，甚至要加装铜制的机槽。这种秦弩的射程能够达到三百米，有效杀伤距离上限为一百五十米，远高于当时的任何一种弓。

此外，秦弩上装有充当瞄具的部件"望山"，提高了射击精度。

秦兵所使用的箭头很先进，采用了三角形的设计，这样会让箭射得更远、更准确。

还有一种不太常见的武器叫作吴钩（也称金钩）。它的样子很像镰刀，有单刃和双刃两种。因流行于吴越地区，得名"吴钩"。这种武器后来逐渐成为仪式用的道具，渐渐退出了战场。虽然吴钩在战场上并不多见，古人却常常将它写在诗中，代指兵器。比如，李贺的《南园》中就写道："男儿何不带吴钩，收取关山五十州。"

焚书坑儒

秦始皇统一天下后，开始**大规模巡游**，视察各地。公元前 213 年，秦始皇在咸阳宫大摆酒席，宴请文武百官。七十位博士（秦汉官名，掌管书籍、文典，教授生徒）纷纷上前祝寿。

　　仆射（秦汉官名）周青臣走上前去，说郡县制的好处，颂扬秦始皇的功绩。秦始皇听了很高兴。博士淳于越却说分封制好，还问："如今陛下拥有天下，而您的子弟却是平民百姓，一旦出现危急情况，靠谁来救援呢？"

周青臣

淳于越

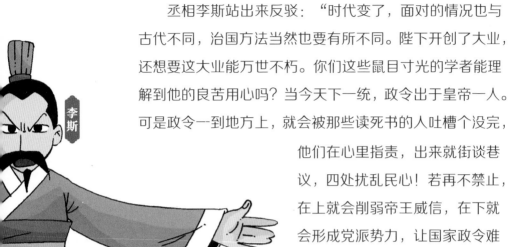

丞相李斯站出来反驳："时代变了，面对的情况也与古代不同，治国方法当然也要有所不同。陛下开创了大业，还想要这大业能万世不朽。你们这些鼠目寸光的学者能理解到他的良苦用心吗？当今天下一统，政令出于皇帝一人。可是政令一到地方上，就会被那些读死书的人吐槽个没完，他们在心里指责，出来就街谈巷议，四处扰乱民心！若再不禁止，在上就会削弱帝王威信，在下就会形成党派势力，让国家政令难以施行，威胁到国家统一啊！"

"请让史官把除秦史外的**典籍全部焚毁**。除博士官署所掌管的书籍之外，天下所收藏的《诗》《书》诸子百家著作全都送到地方中官府烧掉。以后，敢在一块儿谈议《诗》《书》的处以死刑，敢借古非今的满门抄斩！命令下达三十天后仍不烧书的，处以脸上刺字的**黥刑**，发配到边疆。只留下医药、占卜、农书。如果有人想要了解法令，就到官吏处学习。" 秦始皇同意了。

后来，秦始皇觉得都城咸阳的宫殿狭小，就命人开始修建**阿房宫**，并同时营建位于骊山的坟墓。拥有一切的秦始皇梦想长生不老，召集方士求取仙药。其中侯生、卢生这两个方士很得秦始皇的信任。

秦始皇问卢生："等了这么久，朕怎么还没有见到神仙？"卢生说："陛下周围人多嘴杂，容易泄露天机，所以神仙不愿意来。避开世人，让下属猜不到您的心思和行踪，这样也许能见到神仙。"从此，秦始皇自称"真人"，下令将咸阳附近的宫殿、天桥、甬道连接起来，把帷帐、钟鼓和美人都安置在里边，建成迷宫的格局。

有一次，秦始皇驾临梁山宫，从山上望见丞相李斯的车马随从非常多，心中不快。有人把这件事告诉了李斯，李斯随即减少了随从。秦始皇得知后勃然大怒，彻查泄密之人。没人承认，他就下令杀掉当时的所有随从。从此再无人知晓皇帝行踪。

看到秦始皇如此暴政，侯生、卢生两个方士跑了。秦始皇大怒，继而想到焚书后的事情。于是，秦始皇下令彻查吐槽过自己的方士、儒生，**抓到四百六十多人，全部活埋于咸阳。**

秦始皇的大儿子扶苏前来劝阻，被他派去北方给蒙恬做监军。

皇帝的陵墓自己修

从秦汉开始，皇家的丧葬制度就有了新的规定，那就是皇帝不管年龄大小，只要继位满一年，就得为自己修陵墓。

这在一般人看来不能理解。皇帝年纪轻轻的，为什么就要开始修陵墓了呢？难道他们着急死吗？其实，这有两方面原因。

一方面，皇帝贵为天子，生前高高在上，万民敬仰，死后更是要隆重下葬，其墓葬的规格和等级要与皇帝的身份相匹配。如果等到皇帝死的时候才去修陵墓，那肯定是来不及了，所以要提前修好。

另一方面，古代人十分迷信，认为陵墓选择的好坏，将直接关系王朝的盛衰，必须慎之又慎。所以，修建陵墓的准备工作要提前进行。

沙丘的阴谋

公元前 210 年，秦始皇外出巡游，由丞相李斯、小儿子胡亥、宦官赵高随行。途中，秦始皇重病不起，给长子扶苏写信，让他回来继承皇位，并为自己办理后事。结果，这封信被赵高私自扣下了。

机会来了！

赵高

没多久，**秦始皇死在沙丘平台**（今河北平乡县东北）。丞相李斯担心发生变故，和赵高封锁了秦始皇病逝的消息，把棺材装在辒凉车中，继续向咸阳进发。赵高、胡亥、李斯三人暗中谋划，捏造了遗诏，让扶苏、蒙恬自杀，将皇位传给胡亥。胡亥等人回到咸阳后，才公布了秦始皇驾崩的消息，把他**安葬在骊山**。

封锁消息，不可泄露，否则……

我们定守口如瓶……

　　秦始皇即位之初就在骊山开山凿洞，统一天下后，又调来七十多万人修墓，挖穿三层地下水，以铜水浇灌地基。墓中装满了奇珍异宝。还让工匠们制造了带机关的弩箭，有人盗墓或走近，就会被射死。墓里用水银做成江河大海，用机械让它流通，墓顶是日月星辰，地面是自然山川，还用鱼油脂做长明灯，可以长久不熄。

　　公元前 210 年，二十一岁的胡亥登基为帝，称秦二世。他让先帝后宫中没有子女的姬妾全部殉葬，还把所有的工匠和奴隶全部封死在墓中。之后，又在坟上种上草木，弄成山的样子。

秦朝灭亡

本名
➤ 胡亥

特点
➤ 昏聩无能，任用奸臣赵高

结局
➤ 被逼自杀，秦王朝中央政权崩溃

　　二世任命**赵高为郎中令**，并采用赵高的建议，申明法令。为了显示自己的威严，二世效仿始皇巡游天下，并趁此大肆杀害皇子、臣子。同时，他耗费更多的财力、物力修建阿房宫，横征暴敛财宝供自己挥霍。

　　因受不了压迫，**陈胜、吴广起义**，随后各地纷纷杀掉地方长官起来响应，人数多得数也数不清。掌管情报工作的谒（yè）者把这些情况报告了二世。二世反而将谒者治罪。

把这个胡说八道的家伙关起来！

谒者

等陈胜的几十万起义军打到咸阳附近，二世大为震惊，派章邯带领骊山徒役迎战。在章邯的率领下，秦军初期打了很多胜仗，导致陈胜被杀，还打垮了项梁。

赵高自知积怨甚多，怕大臣们集体弹劾（hé）他，就设法隔断二世与外界的联系。从此，二世常居深宫，只和赵高商议决断政务。关中士卒被一批接一批地调出去攻打起义军。前来进谏的大臣都被治罪了。

赵高想自己做皇帝，又怕群臣不从，于是牵着一头鹿来到朝堂上，献给二世："您看这匹马是多么的健壮啊！"二世笑着说："丞相错了。这是一只鹿，你看它头上有角。"赵高便问二世身边的大臣，有的大臣默不作声，有的大臣跟着赵高也说这是马，有的大臣说是鹿。过后，赵高暗自把说鹿的官员正法。从此，大小官员都怕赵高。

陛下，您看这匹马多么健壮啊！

丞相错了。这是一只鹿，你看它头上有角。

这时候，到处都是起义军。顶梁柱章邯也被项羽打败，投降了起义军。赵高怕二世怪罪自己，就称病不上朝。二世这时才派人去谴责赵高。赵高恐惧不安，和女婿咸阳令阎乐、弟弟赵成密谋除掉二世。

于是，赵高谎称有贼。阎乐带着一千人，以抓贼的名义，冲进了二世所在的望夷宫，一路杀死了几十人。眼见没有别的选择，二世自杀了。

子婴

登基这样的大事，大王怎么能不去呢？

二世死后，赵高立扶苏的儿子子婴做秦王，他让子婴斋戒，到宗庙去祭拜祖先，接受皇帝印玺。赵高多次派人去请子婴登基，子婴百般找借口不去。赵高没办法，只能亲自去请。子婴趁机动手，在斋宫杀了赵高，还灭其三族，在咸阳示众。

子婴才做了四十六天秦王，刘邦就打到咸阳东边的霸上。软弱的子婴交出玉玺，率众投降。过了一个多月，项羽赶来，杀了子婴，灭了秦王室。随后，项羽军队屠戮咸阳，焚烧宫殿，抢掠妇女，没收秦宫的奇珍异宝，跟各路诸侯一起瓜分。秦朝就此灭亡。

轵道亭

刘邦

项羽本纪

项羽是楚国下相人，项家世代在楚国为将，被封项地，所以以项为姓氏。项羽从小强壮、勇敢，后与叔父项梁一起举兵起义。在巨鹿之战中，他打败了秦朝大将章邯，消灭秦兵主力，进入咸阳后自封为"西楚霸王"。后来，他与刘邦争夺天下，这就是"楚汉争霸"。

项羽曾是推翻秦朝统治的起义军中最接近掌管天下的人，他凭借自己的勇武成为令后人敬佩的英雄。《史记》特意用记录帝王事迹的"本纪"记述了项羽的一生。

破釜沉舟

本　名
➤ 项籍

特　点
➤ 英勇、果断

成　就
➤ 巨鹿之战，推翻秦朝，自立西楚霸王

项羽

　　项籍，字羽，他的**叔叔叫项梁。**项梁的父亲就是被秦将王翦杀死的楚国大将项燕。项羽从小就死了父亲，由叔叔项梁照顾他。

　　项羽从小不太喜欢读书，后来又学习剑术，但也没有学成。项梁非常生气地问："文不行武也不行，你想干吗？"项羽回答说："学文字，能用来记姓名就行了。剑术只能敌一个人，不值得学。我要学习能敌万人的本事。"于是，项梁开始教项羽兵法。项羽非常高兴，可刚刚懂得一点儿，他又不肯继续学下去了。

项梁

后来，项梁杀了人，带项羽一起逃到吴中。项梁才能出众，吴中有徭役或丧葬等大事经常请他来主持。随后项梁就在暗中按兵法部署组织青年，借此来了解他们的才能。

秦始皇巡行来到钱塘江时，有许多人来围观。项羽看见后，说："有什么了不起的！总有一天，我要取代他！"项梁连忙捂住他的嘴："你个毛孩子胡说什么？要是被人告发，可就大祸临头了……"同时心想：我这个侄子，看来不是一般人啊……

秦始皇

陈胜、吴广起义反秦后，项梁和项羽也乘机在会稽起兵，各路义军纷纷加入。不久，陈胜被害，秦军强力反扑，项梁召集各路义军首领商议对策，谋士范增建议项梁借楚怀王之名反秦。项梁认为范增说的话有道理，就到民间寻找楚怀王的嫡孙熊心，让他当王，依旧称楚怀王。之后接连几次发兵，大败秦军。这时，项梁有些飘飘然，最后因轻视秦军而战死。

　　章邯杀了项梁后，率领三十万士兵进攻赵国，把赵军围困在巨鹿。赵军向楚怀王求助，楚怀王命宋义为上将军，项羽为次将，北上救赵。部队到达安阳后就止步不前，停留了四十六天。项羽劝宋义出兵，而宋义不听，派自己儿子宋襄到齐国去做宰相，还大摆筵席。

当时天气寒冷，士兵又冷又饿，都有怨言。满肚子怨气的项羽趁着清早参见宋义的机会，在军帐中杀了宋义，还派人追到齐国，杀了宋义的儿子。将士畏服项羽，楚怀王无法，只好顺水推舟地任命项羽做上将军，让各个将领都归项羽统辖。

此时，项羽威震楚国，名闻天下。他率领两万人立刻渡河救赵。过河后，项羽下令："众将士听命！把渡船统统凿沉，锅碗砸碎，帐篷也都烧掉，每人只带三天口粮，此战只许进不许退！"楚军将士见没了退路，打起仗来，个个勇猛无比，毫无退却之心。

经过几次进攻，**楚军破了巨鹿包围，大获全胜**。前来援救巨鹿的诸侯军队有十几支，都不敢发兵出战，楚军攻击秦军时，只在一边观战。项羽打败秦军后，召见诸侯将领，他们进入军门，一个个都跪着用膝盖行走，没人敢抬头仰视。经此一役，**项羽威震诸侯**。

项羽

鸿门宴

收服章邯后，项羽立即率军赶往关中，行军来到函谷关，却被已占领函谷关的沛公（刘邦）人马挡在了关外。项羽听说沛公先攻下咸阳，非常生气，很快便攻下函谷关，驻军鸿门。刘邦的驻地在霸上。

刘邦的左司马曹无伤暗中派人给项羽通风报信："刘邦要当关中王，让秦王子婴做丞相，把城中的宝物都私吞了。"谋士范增也说："刘邦在老家时是个贪财好色之徒，入关以后居然改邪归正了，可见他野心不小，一定要尽快除掉他，不然就会后患无穷。"于是，项羽决定攻打刘邦。

此时，在霸上的刘邦军营中，张良着急地冲进营帐禀报："沛公，项王明早就要来攻打咱们！项羽有个叔叔叫项伯，是他得知消息偷偷跑来通知我的。"刘邦说："快请他进来！"刘邦向项伯敬酒，并解释道："自打我进入关

中，就一心一意恭候项将军到来，没敢动一草一木。派兵守关，也是为了防备盗贼。还请您告知项将军！"项伯郑重其事地说："我现在就回去禀报项将军，明天一早您再亲自去向将军赔罪。"就这样，项伯回到军营中，劝说项羽放弃攻打刘邦。

第二天清早，刘邦带着一百多名侍从来见项王，项羽在鸿门摆下宴席招待他。刘邦说："我和将军齐心协力打败秦军，却没想到被人挑拨离间。"项羽听后哈哈大笑："这些都是你的左司马曹无伤说的，不然我怎么会怀疑你呢？"

军帐内，项羽摆酒席，和刘邦相互敬酒。谋士范增在旁边多次暗示项羽借机杀掉刘邦。项羽不予理睬。范增起身出去，叫来项庄："大王心肠太软，下不了手。你快进去敬酒，然后找机会杀了刘邦！"项庄进来，上前敬酒："军营中没什么娱乐项目，我为大家舞剑助兴吧！"项伯看出了项庄的意图，拔剑与之共舞，意在保护刘邦。

项庄

见此情景，张良去把樊哙找来了，对他说："情况很危急，项庄正在舞剑，看来是要对沛公下手了！"樊哙闯入军帐，项羽见他是位壮士，赐酒赏肉给他。樊哙直言："当初怀王说'谁先破秦入咸阳，谁就当关中王'。如今沛公先入关，没动一草一木，敬候您到来。您不但不封赏，还听信小人想杀他！这样做对吗？"项羽十分尴尬。

听信小人之言，您这样做对吗？

樊哙

……

坐了一会儿，沛公起身上厕所，把樊哙也叫了出来。沛公觉得没告辞就离开不合适。樊哙说："现在人家是案板和刀子，我们是任人宰割的鱼肉，还辞什么别呢？"

于是一行人离开鸿门，沛公抄小道逃走。估计刘邦到军营了，张良才去向项王致歉，并献上了刘邦准备的一双白璧和一对玉斗。项羽接过礼物，范增摔了玉斗，叹息道："唉，妇人之仁，难成大事！将来与你争夺天下的，一定是刘邦！"刘邦回到军中，立即杀了曹无伤。

范增

刘邦自知实力不敌项羽，就将咸阳城让给了项羽。过了几天，项羽率兵西进，屠戮了咸阳城，杀了秦降王子婴，劫掠了秦朝的财宝、美女，又烧了咸阳宫。大火三个月都没熄灭。

四面楚歌

项羽回到楚地，自称西楚霸王，建都彭城。他立刘邦为汉王，让其治理偏远的巴、蜀、汉中等地。一年后，刘邦冲出汉中，一路攻城略地，占据关中，之后直奔彭城而去。项羽听到这个消息非常愤怒，自己率精兵三万前去攻打汉军。

汉军大败，逃到荥（xíng）阳据城坚守，但粮道被偷袭，刘邦不得已向项王提出以荥阳为界，割地求和。

项羽打算接受这个条件，但遭到范增的坚决反对。于是，项羽指挥军队围攻刘邦。在危难之际，陈平给刘邦出了一条离间项羽和范增的计谋。项羽果然中计，怀疑范增私通刘邦。范增自请回乡，在回去的路上病死了。刘邦逃离荥阳后，重新集结兵马，在与项羽正面对峙的同时，一面派韩信从北边攻楚，分散项羽兵力；一面又派彭越骚扰楚军后方，切断其粮草供给。项羽三面受敌，疲于应对。

几个月后，楚军逐渐兵疲粮尽。一天深夜，项羽听到汉军营里传来的楚国歌谣，深感惊诧："难道汉军已经把楚国全部占领了吗？不然汉营中怎么会有这么多楚人呢？"

力拔山兮气盖世，时不利兮骓不逝。……

虞姬

当时，项羽身边有一个叫虞姬的美人，还有一匹叫骓的骏马。项羽面对这凄凉的局面，借酒消愁，感慨万分，他唱起慷慨悲歌："力拔山兮气盖世，时不利兮骓不逝。骓不逝兮可奈何，虞兮虞兮奈若何！"他一连唱了好几遍，

虞美人也和着唱了一首。项羽泪如雨下，左右几个将士也泣不成声。最后，项羽骑上马，带着部下八百多人，趁夜突围。

项羽渡过淮河迷了路，被一个农夫欺骗，误入沼泽，后面的汉军趁机追赶上来。

项羽赶到乌江边上。乌江亭亭长正停船等他："大王，我这里有条渡船，您赶快过江吧！江东虽小，却也纵横千里，足够您称王了。"

项羽说："当初我带了八千江东子弟出来，如今没有一个能活着回去。我还有什么脸面见江东父老呢？这匹乌骓马陪我征战多年，送给您吧。"

项羽带领剩余士兵冲入汉军中，战斗到最后一刻，拔剑自刎而死。

霸王别姬

《史记》中的这一幕悲伤感人，令项羽这个残暴的霸王有了很多人情味。这成了刻画项羽和虞姬爱情故事的基础，于是后人留下了很多关于虞姬的故事。

传说虞姬出生在绍兴一个普通的农村家庭，她出生时有五凤鸣叫，香气布满庭院。

这孩子生下来怎么这么香啊！

虞姬的结局没有详细的记载，但是从项羽所作的词中和当时的形势看，很多人猜测虞姬没有选择离开，而是自刎在军帐中。这个霸王与美人的爱情故事以悲剧结尾。

过去，人们用"霸王别姬"形容英雄末路，现在多指独断专行，最终垮台。而这个故事也被改编成很多文学作品，并成为京剧中的经典剧目。

高祖本纪

汉高祖刘邦是农民出身，在反秦起义中成为诸侯，在楚汉争霸中击败项羽，赢得天下。刘邦善于用人，在萧何、张良等人的辅佐下建立汉朝，史称西汉。

司马迁在《高祖本纪》中记录了这位平民皇帝复杂的一生。

沛县起兵

本　名
> 刘邦，字季

特　点
> 知人善用，大智若愚，阴狠猜忌

成　就
> 建立汉朝

汉高祖

　　刘邦是沛县丰邑人，传说他母亲刘太婆有一次在大泽边睡着了。当时天上打雷下雨，他父亲刘太公正好去看她，见到有蛟龙盘游在她身上。后来，刘太婆怀孕了，生下刘邦。

　　刘邦从小胸怀大志，不愿过平常百姓的生活。有一天，他遇到秦始皇出巡，气派十足，刘邦说："大丈夫就应当像这样啊！"

　　成年后，**刘邦当了泗水的亭长**，听说县令设宴招待朋友吕公，便想去混吃混喝。但想去给县令送礼的人太多，县衙文书萧何按照礼金多少安排座席。刘邦没钱，就在拜见的名帖上谎称"贺钱一万"。吕公认为他前途无量，就把女儿嫁给了他。吕公的女儿后来成了吕后，生了孝惠帝和鲁元公主。

几年后，刘邦押送苦役去骊山修墓，还没到地方，人已跑了多半。到了晚上，他干脆把所有苦役都放了。苦役中有十来个人见刘邦如此仗义，决定跟随他一块儿走。刘邦带着大家抄小路通过沼泽地，又杀了挡路的蟒蛇。后来人们看到路边一个老妇哭着说，那蛇是白帝之子，杀蛇者是**赤帝之子**。见他有这样神奇的身份，大家对刘邦更加死心塌地了。

陈胜、吴广起义后，许多百姓都杀了地方官来响应。沛县县令非常害怕，就想率领沛县的人响应。萧何说："您不如把那些逃亡在外的人召回来，用他们驾驭百姓，到时候谁敢不听您的？"于是，**县令派樊哙去找在外逃亡的刘邦。**

樊哙走后，县令就后悔了，害怕刘邦来了会发生什么变故。于是关闭城门，不让刘邦进城，还想着先杀掉曹参、萧何，以免走漏风声。所以，樊哙带着刘邦回来敲城门的时候，萧何、曹参偷偷越过城池来依附刘邦，以求得保护。

为免走漏风声，不如先杀掉曹参、萧何。

萧何　曹参

刘邦写了一封信射进城里，信中写道："你们为什么还在替县令守城呢？如果把他杀了，另选首领带大家响应反秦斗争，才能保证全县的安全啊！"

城内百姓早有此意，立即杀了县令，打开城门迎接刘邦，想让他当沛县县令。刘邦推辞说："我不是谦虚，而是担心自己能力不足。这是一件大事，希望大家另择人选！"萧何、曹参等都是文官，顾惜性命，害怕起事不成满门抄斩，因此，极力推举刘邦。刘邦再三推让，可其他人没有敢当沛县县令的，他只能做了**沛县的起义军首领，人称沛公**。

约法三章

刘邦沛县起兵之后，带领部下投奔了项梁，随后打了几次胜仗。项梁骄傲轻敌，战败被杀。随后，刘邦奉楚怀王的命令前去攻打关中。

项梁

楚怀王告诉各路将领，关中是秦军的大本营，只要谁先入关中，就封谁为关中王。此时，秦军强大，常常乘胜追击败逃之敌，诸将中没人认为先入关是好事。项羽自告奋勇："我愿和沛公一起打入关中！我要踏平咸阳，为叔父报仇！"有大臣向怀王建议："项羽凶狠残暴，得胜之后便屠城、烧房子，很不得人心。秦朝百姓饱受秦朝暴政之苦，这次如果派老实厚道的沛公去，用仁义安抚百姓，兴许不用打仗就能占领秦地。"怀王同意了。

谁先入关中，谁为关中王。

楚怀王

沛公

项羽

郦食其

于是刘邦领兵西进，一路攻城略地，来到高阳。守城门的将领郦食其觉得沛公气度恢弘，像个仁厚长者，劝说他先袭击陈留，夺得储存在那里的粮食作为军需。

刘邦攻下陈留后，继续西进，几次打败秦军，然后又包围宛城。宛城的太守想自杀，被门客陈恢阻止了。陈恢翻过城墙去见刘邦，对他说："宛城人口众多，粮草充足，攻城消耗大，而离开这里会被追击，影响您进入咸阳的日期。我建议您招降宛城，对沿途城邑也采取同样的办法，这样进攻咸阳的道路就畅通无阻了。"刘邦觉得他所言在理，就采用了这个办法。此后，在刘邦所到之处，沿途城邑纷纷归降。

不久，秦朝奸相赵高杀了秦二世，另立秦王子婴。

这时，刘邦军队在各路诸侯中最先到达离咸阳不远的霸上。秦王子婴驾着白车白马，用丝绳系着脖子，封好皇帝的御玺和符节，在枳（zhǐ）道（亭名，今咸阳市东北）旁投降。有人提议杀了子婴，刘邦却说："当初怀王之所以派我来，就是因为我待人宽厚；再说人家已经投降了，我们还杀他，这样太不仁义了，先看管起来吧。"

不得抢掠！

刘邦从霸上率军进入咸阳城后，就不想出来了。幸亏樊哙、张良出来劝说，刘邦才封起秦宫里的仓库和珍宝，还军霸上。他召集秦地各县有名望的豪杰，约法三章："秦朝暴政苛法让大家受苦了，理应全部废除！在此我只和大家约定三条法律：杀人者偿命，伤人及偷盗者依法定罪。我现在驻军霸上，是为了等其他诸侯到来，共同制定新的章法，没有别的意思，请大家不要担心。"大家听了很高兴，纷纷带着牛羊酒饭来慰劳刘邦的军队。

论得天下

　　刘邦打败项羽后，天下大局已基本确定。各地诸侯将领纷纷归附了刘邦，一同请求他即位为皇帝。

　　刘邦推辞说："我听说只有大贤之人才能称帝，我徒有虚名，不能坐这个位置。"群臣说："您以布衣之身讨伐暴秦，平定天下，赏有功之人。如果今天您不做皇帝，天下百姓都会不安的！"

　　于是刘邦举行登基大典，定国号为汉，史称西汉。刘邦就是汉高祖。

一天，刘邦大宴群臣，与他们谈论成败之道："各位诸侯将领，你们说实话，你们认为我为什么能取得天下，而项羽却失了

天下呢？"高起、王陵回答说："您派人出去攻城占地时，打胜后总会加以封赏，与天下同利。而项羽则妒贤嫉能，谁有功他恨谁，谁有本事他怀疑谁，打了胜仗的他不奖励，得了地盘的他不赏赐，这就是他丢失天下的原因。"

刘邦说："你们啊，只知其一，不知其二。要讲运筹帷幄，决胜千里，我不如张良；要讲镇守后方，安抚百姓，保证供给，我不如萧何；要讲统兵百万，战必胜，攻必取，我不如韩信。他们三人都是人中豪杰，而我能够重用他们，这就是我得天下的原因。项羽只有一个范增，还被他赶走了，最后怎能不败呢？"

那是因为我知人善任！

高祖平乱

刘邦打算长期定都洛阳，齐人刘敬和张良都劝他定都关中。刘邦同意后，**建都关中，大赦天下**。

利几

不久，燕王臧荼造反，刘邦率军亲征，擒获臧荼。在这一年秋天，利几造反。利几原是项羽的部将，当项羽失利后，他便归降了刘邦，刘邦就把他封在颍川为侯。得知他造反后，刘邦又亲自带兵去讨伐。利几败逃。

刘邦登基后，仍然按照一般人家父子相见的礼节，每五天拜见太公一次。太公家令对太公说："您虽然是长辈，但也是臣子，怎么能让君主给臣子行礼呢？有损皇帝威严啊！"后来，刘邦再去拜见太公，太公就抱着扫帚，面对门口倒退着走。知晓缘故后，刘邦就尊奉太公为太上皇，并赐给那个家令五百金。

太上皇

父亲安好！

陈平

当初封王时，因为齐王韩信熟悉楚地风俗，刘邦就改封他为楚王。现在有人上书说韩信要谋反。刘邦采用大臣陈平的建议，假装去游览云梦泽，在陈县召见诸侯，等楚王韩信来迎接的时候，趁机拘捕他，并让他迁到太原郡。

一年后，韩信联合匈奴在太原谋反。刘邦率兵亲征，正赶上天气寒冷，士兵冻掉手指的有十之二三。刘邦到达平城后，被匈奴军队包围，七天之后才解围。

刘邦追击韩信的残余反寇后回到长安，见到丞相萧何主持兴建的未央宫非常豪华，很生气："天下动乱，苦苦征战好几年，你怎么能把宫殿建得那么豪华？"萧何回答："正因为天下还没有安定，才利用这个时机把宫殿建好。虽说天子以四海为家，但宫廷不华丽就没办法树立天子威严啊。"刘邦这才高兴起来。

沛公之终

公元前 195 年，刘邦讨伐黥布的时候，被飞箭射中，在回来的路上病得很厉害。吕后为他请来一位良医。良医说："皇上的病并非无药可医，只是需要一些时日。"刘邦一听大怒："就凭我一介平民，手提三尺之剑，最终取得天下，这就是天命所定。人的命运决定于上天，纵然你是扁鹊又有什么用处呢？"于是给良医五十两金，把他打发走了。

刘邦

吕后

过了一会儿，吕后问刘邦："你百年之后，如果萧何死了，让谁接替当宰相呢？"刘邦说："曹参。"吕后又问："曹参以后呢？"刘邦说："可以用王陵。但王陵有些鲁莽，可以让陈平帮着他。

陈平智谋不少，但难以独当大任。周勃深沉厚道，缺少文才，但是安定刘氏天下的一定是周勃，可以让他担任太尉。"吕后还要再问以后的事情，刘邦便不多说了。

没多久，刘邦在长乐宫逝世。吕后公布了刘邦逝世的消息，并大赦天下。之后，**太子刘盈即位，就是汉惠帝。**后来，汉惠帝想到刘邦生前思念沛县，就把沛县的宫殿定为高祖的原庙，让刘邦教过唱歌的一百二十个人在原庙奏乐唱歌，以后若有缺员，就随时补充。

项羽与刘邦大事年表

公元前 256 年，刘邦生于楚国沛郡。

公元前 232 年，项羽出生于楚国下相。

公元前 209 年，9 月，项梁刺杀会稽郡守，在吴中起兵。同年，刘邦占领沛县，成为秦末农民起义的主要领袖之一。

公元前 208 年，项梁和项羽率江东八千子弟渡江，刘邦加入项梁军。项梁在民间求得楚怀王之孙熊心，立为楚王。7 月，章邯大破楚军，项梁战死，楚王令宋义、项羽北上救赵，同时刘邦受楚王之命，往西击秦。

公元前 207 年，项羽杀宋义夺取军权，率楚军渡过漳河，在巨鹿大破秦军。刘邦率先攻入武关，推翻秦朝，与关中父老约法三章。项羽入秦，发生鸿门宴事件。

公元前 206 年，2 月，项羽尊楚王为"义帝"，分封诸侯，自称西楚霸王，定都彭城。刘邦被封为汉王。8 月，刘邦率军出汉中，占领秦地，楚汉之战开始。

公元前 205 年，4 月，刘邦趁项羽外出征讨之机攻占彭城，楚汉战争全面爆发。项羽回救，大败汉军。

公元前 204 年，4 月，项羽围刘邦于荥阳。11 月，项羽在广武与刘邦对阵。

公元前 203 年，9 月，项羽与刘邦订鸿沟合约。

公元前 202 年，刘邦撕毁"鸿沟合约"，追击项羽。项羽在垓下被围，自刎于乌江。刘邦登基称帝，建立汉朝。

夏朝的政治教化以质朴忠厚为本，所以使得百姓粗野少礼；殷朝代之以恭敬，又使百姓相信鬼神；周朝代之以礼仪，这让百姓不诚恳。所以要救治不诚恳的弊病，就没有什么比得上忠厚。由此看来，夏、殷、周三代开国君主的治国之道好像是循着圆圈转，周而复始。至于周朝到秦朝之间，其弊病可以说就在于过分讲究礼仪了。秦朝的政治不但没有改掉这种弊病，反而使刑法更加残酷。所以，汉朝的兴起，虽然继承了前朝政治的弊端却有所改变，使老百姓不至于倦怠，这是符合循环终始的天道的。

吕太后本纪

　　吕雉是刘邦成为皇帝前娶的妻子，后来成为汉朝第一位皇后。她跟随刘邦度过了一段贫穷生活，在楚汉争霸时还曾被抓为人质。刘邦死后她更成为中国历史上第一位皇太后。因为她的儿子汉惠帝死得早，继位的少帝刘恭又年幼，吕太后便成为第一位掌管朝政的女性。

　　她执政期间，不仅对老百姓宽厚，还废除了一系列的愚民政策，提倡文化传播；同时，她还延续与匈奴和好的政策，为汉朝兴盛打下了基础。但她同时任用了大量的吕氏亲属，令吕氏权倾朝野，险些取代了刘氏的天下。

　　因为汉惠帝在位时间短，而此后的两位少帝都并没有实权，所以《史记》中并没有关于他们的传记。司马迁反而用一篇《吕太后本纪》记录了这位掌管天下的皇太后的事迹。

吕氏专权

本　名
> 吕雉

特　点
> 刚毅果断、心狠手辣

结　局
> 使吕氏专权

吕后

　　刘邦死后，太子刘盈继位，也就是孝惠帝，不过孝惠帝在位仅七年就去世了。

　　孝惠帝发丧那天，吕后大哭，却不见泪。张辟疆问丞相陈平："惠帝是太后唯一的儿子，现在他死了，太后虽然哭，可是却没流眼泪，您知道为什么吗？"陈平不知。张辟疆接着说："皇上的儿子都还没成年，太后怕控制不了你们这些功臣。您要是提议让太后家族的人统领军队进宫辅政，太后就会放心，你们也就安全了。"

张辟疆　陈平

陈平按张辟疆的主意去做，吕后果然放了心，才哭得伤心起来。吕氏家族的权势也由此而崛起。少帝刘恭继位后，所有的政令全由吕后下达。

吕后召见群臣，说："我要封吕氏诸人为王，右丞相，你看如何？"右丞相王陵说："高祖曾杀白马订立盟约，规定'非刘氏者不能封王'，谁违反约定，天下人就要联合讨伐他。"吕后很不高兴，又问左丞相陈平与绛侯周勃。周勃等人回答说："先帝平定天下后封刘氏子弟为王，现在太后掌管朝政，自然要封吕氏子弟为王，没什么不可以的。"吕后这才高兴地退了朝。

下朝后，王陵责怪周勃、陈平："你们不但不替高祖看管好江山，却纵容太后违背盟约，将来有何脸面去地下见高祖？"陈平、周勃却说："在朝廷上当面抗拒太后，我们不如您。但要论保全刘氏基业，您就未必比得上我们了。"王陵无言可对。

你们有何脸面去地下见高祖？

我们是在保全刘氏基业呀！

王陵

周勃

后来，**吕后废掉少帝**，并暗中杀了他，然后**立常山王刘义为帝**，改名叫刘弘。一切大权都掌握在吕后手里，她陆续将吕氏家族的人封王封侯。朝中大臣也没人表示反对。汉家王朝俨然成了吕氏家族的天下。

古代皇帝如何立太子

在古代，皇帝立太子这件事非同小可，因为如果老皇帝在这一问题上疏忽大意，那么在他死后，很可能会出现激烈的皇权之争，甚至直接导致国家的灭亡，所以必须慎之又慎。

一般来说，皇帝立太子会遵循以下原则：

立男不立女

在中国古代，只有男性才拥有皇位继承权，女性则没有。这是受古人封建思想的影响，他们认为"女子无才便是德"，相夫教子才是女子该做的事情，而争夺功名利禄则与女子无关。

家无男丁，国力不兴啊。

立嫡不立庶

嫡子是君王原配夫人所生的儿子，而庶子是妾或情人所生的儿子。通常情况下，只要有嫡子就会在嫡子中按长幼顺序决定继承权，没有嫡子时才会考虑立庶子。

贤能者居之

对于少数一些有远见、有智慧的皇帝也会考虑所立之人是否具有才干和品德。

吕氏覆灭

吕后病重时，自知大局难料，做了最后的安排，任命吕禄和吕产为上将军，分别统帅北军和南军，并嘱咐他们："如今吕家的人封王封侯，大臣们心里都不会平衡。我死以后，他们恐怕会作乱。你们一定要牢牢把握军权，做任何事都要小心谨慎。"

吕后死后，诸吕独揽大权，阴谋篡位，却不小心走漏了风声，被朱虚侯刘章知道了。他赶紧暗中派人告诉他的哥哥齐王刘襄，让他进攻长安，诛杀诸吕。

齐王公开发兵讨伐诸吕，吕产等人眼看形势危急，更加积极地准备发动反叛。

郦寄

此时，陈平和周勃等一班老臣也在抓紧时间活动，他们决定先把军权搞过来。曲周侯郦商的儿子郦寄跟吕禄交好，周勃建议挟持郦商，让郦寄帮他们。郦寄劝说吕禄："您身为赵王，却一直当着上将军留在京城，这会惹得大臣们怀疑。您可以把北军军权交给太尉周勃，自己回赵国当个逍遥大王，这样不是对谁都好吗？"

吕禄认为郦寄不会骗他，便把北军兵权交给了周勃。周勃对北军官兵说："将士们，凡拥护吕氏的，请露出右臂，拥护刘氏的，请露出左臂！"北军官兵都一致露出左臂表示拥护刘氏，于是周勃很顺利地统领了北军。

将士们，凡拥护吕氏的，请露出右臂，拥护刘氏的，请露出左臂！

此时，吕产还不知道吕禄已交出兵权，就进入未央宫，准备作乱。谁知宫门已被周勃派去的曹窑控制。刘章带领兵马前来支援，杀死吕产。周勃传令，吕氏一族，一律捕杀。

吕氏家族覆灭，朝廷大臣聚在一起秘密商量："当今小皇上是吕氏所立，将来恐怕会对我们下毒手。况且现在的皇子都不是惠帝的亲生儿子，所以我们还是另择贤主而立吧。"有人提议立齐王刘襄，因为他是高祖长子刘肥的儿子。有人反对："不行，齐王的外祖母家也有势力很大的恶棍，如果立齐王，有可能重蹈吕氏乱政的覆辙。"

最后大家都说，代王最合适。代王刘恒是高祖在世的儿子中年纪最大的，为人慈孝宽厚，母家薄氏也善良。平灭诸吕后，周勃等人最终迎立代王刘恒进京即位，这就是汉文帝。

刘章

121

孝文本纪

　　汉文帝刘恒是刘邦的第四子，被刘邦封为代王。他在朝廷大臣诛灭诸吕后，入朝继承皇位，并铲除吕氏余党，封赏汉朝老臣，稳定政权。汉文帝为人宽厚，处事低调，善于听取周围人的意见，任用了张释之、贾谊等正直的人才。在他的治理下，汉朝各行业得以快速恢复，百姓安居乐业。汉文帝开创了"文景之治"，被称为一代明君。

改革刑律

汉文帝

汉文帝仁慈宽厚，他当政后，改革刑律，废除了一些极其严酷的法律。

有一天，他和大臣商议**废除"连坐"**这种刑罚。汉文帝说："现在犯人被治罪后，还要让他们的父母、妻子、儿女和兄弟姐妹也被牵连定罪。朕不赞成这种做法，请大家来讨论讨论。" 负责的官员们认为，这种做法由来已久，就是要让人心里多一些忌惮，不敢犯法，还是不改为好。

汉文帝坚定地说："官吏不能引导百姓向善，又使用不公正的法律处罚他们，这样怎么起到禁止犯罪的作用呢？朕看不出这种法令有什么好处，你们再考虑考虑。"于是，这种"一人有罪，全家牵连"的刑罚便被废除了。

有一年，齐国的太仓令淳于公因犯罪要被判刑，朝廷派人把他押往长安。淳于公没有儿子，只有五个女儿，他临走时埋怨道："唉，我有五个女儿，却没有儿子，遇到急难，一个有用的都没有啊。"

小女儿缇萦听后很伤心，便跟随父亲来到长安，向朝廷上书：犯错就该受罚，应给犯人改错的机会。但人死不能复生，肢体斩断不能接上。若受了肉刑，想改过自新也没有机会了。我愿入官府当奴婢，为父亲赎罪，让他有改过的机会。

汉文帝看完书信感叹："一个小姑娘能想到替父赎罪，真是孝义可嘉！她说的肉刑之弊，也入情入理。先赦免了她的父亲吧！"之后召集群臣议事，汉文帝感慨："在舜的时代，令罪犯的衣帽与他人的不同，足以使他们感到耻辱并引以为戒。这是为

真的是太让人感动了！

什么呢？因为那是一个政治昌明的时代。如今的法令中有刺字、割鼻、断足三种肉刑，但犯法的事屡禁不止，是朕教导无方的缘故啊。人犯了错，还没加以教化就施加刑罚，连改过从善的机会都没有。损害人的身体，终身不能长好，多么残忍不仁。这又怎么当得起百姓的父母呢？"随即昭告天下，宣布废除肉刑这种惨无人道的刑罚。

明君汉文帝

汉文帝在位二十三年，宫室、车驾、服饰等皇室用品都没有增加。但凡有对百姓不利的法律，就予以废止，以便利民生。

汉文帝曾打算建造一座高台，召来工匠一算，造价要黄金一百斤，相当于十户中等人家的产业，便不做了。他平时穿的是质地粗厚的丝织衣服，对宠爱的慎夫人，也严格要求，以此来表示俭朴，为天下人做出榜样。

一百斤！

南越王尉（yù）佗自立为武帝，文帝却把尉佗的兄弟召来，给予高官厚禄，以德相报。于是，尉佗取消了帝号，向汉朝称臣。

汉与匈奴和亲，匈奴却背约入侵劫掠，而文帝只命令诸将军驻扎在要塞，共同防备匈奴，不发兵深入匈奴境内，怕给百姓造成负担。

吴王刘濞之子在长安和太子下棋时发生口角，被太子失手打死。吴王刘濞便称病不来朝见，文帝就赐给他木几和手杖，并特许不用来都城觐见，以示关怀。

大臣中如张武等人收受了别人的贿赂。事情败露，文帝就从皇宫仓库中取出金钱赐给他们，这使他们十分羞愧。

后来，文帝病逝于未央宫，享年四十六岁。他一心致力于用恩德感化臣民，因此天下富足，礼仪兴盛。

孔子说过："治理国家必须经过三十年才能实现仁政。善人治理国家经过一百年，也就可以克服残暴免除刑杀了。"这话千真万确。汉朝建立，到孝文皇帝经过四十多年，德政达到了极盛的地步。孝文帝已逐渐更改历法、服色和进行封禅，可是由于他的谦让，至今尚未完成。啊，这不就是仁吗？

孝景本纪

　　汉景帝是汉文帝的第四子，因为他的兄长们接二连三地病死，所以汉文帝就将皇位传给了他。他即位后，延续文帝休养生息的政策，勤俭治国，减轻赋税，并削弱藩王的实力，平定"七国之乱"，巩固了汉朝的统治。

　　《孝景本纪》记述了汉景帝在位十六年间发生的国家大事，是《史记》中比较简略的一篇。

平七国之乱

本 名
➤ 刘启

特 点
➤ 勤俭治国，坚定、果断

成 就
➤ 平定七国之乱

汉景帝

　　汉初，**高祖刘邦杀功臣，铲除异姓王**。刘邦认为秦朝灭亡的原因是没有亲人当藩王保护朝廷。于是，刘邦封刘氏子弟为王，赋予他们军事、经济大权。

　　当时，诸王年幼，封地权力还小，尚未对朝廷构成威胁。但经过几十年的休养生息之后，各同姓王国也都强大起来。吴王刘濞是汉高祖的侄子，拥有五十多座城，在各诸侯国中力量最强大。

　　大臣晁错建议汉景帝进行"削藩"来减少诸王的封土，巩固中央政权。汉景帝先拿吴王刘濞开刀，要削掉吴国的两个郡。

　　此举一下子惹恼了刘濞，他立刻起兵造反，并联合其他六个刘姓诸侯王，**以"诛晁错，清君侧"为名，举兵进攻长安，七国之乱爆发**。

刘濞

汉景帝听说刘濞起兵叛乱，迅速做了周密的部署，派周亚夫、栾布、窦婴等人率军镇压。为了尽快平定七国叛乱，汉景帝听信大臣袁盎的建议，杀了晁错，并派袁盎前去和刘濞讲和。但七国诸侯并没有因为晁错的死而退兵。汉景帝这才恍然大悟，七国预谋造反已经多年了，晁错不过是一个借口而已，他们的本意并不是反对晁错一个人。于是下决心平定七国之乱。在周亚夫等各路军队的攻击下，吴王刘濞兵败被杀，其他六个叛王有的畏罪自杀，有的被处死。

将七国之乱平息后，**汉景帝总结教训，采取了许多限制和削弱诸侯国的措施。**等到汉武帝时，诸侯国已经名存实亡了，割据叛乱问题最终得到解决。

号召将士奋力杀敌，严惩参加叛乱的官吏，令周将军坚决消灭叛军！

文景之治

汉文帝在位期间，是汉朝从国家初定走向繁荣昌盛的过渡时期。

在经济上，他奖励农耕，执行与民休息和轻徭薄赋的政策。曾经两次把田租减为三十税一（一年收成中的三十分之一），甚至十二年免收全国田赋，大大减轻了农民的负担。另外他还亲自耕作，做天下表率，对当时农业生产的迅速恢复与发展，起了积极的推动作用。

在政治上，为了加强中央集权，他逐步削弱诸侯王的势力。汉文帝先后粉碎了刘兴居和刘长的谋反，又接受贾谊提出的分割大的诸侯的建议，维护了国家的统一。

在民族关系上，他妥善处理汉朝与南越、匈奴的关系，对南越王赵佗实行安抚政策；对匈奴继续实行和亲政策的同时，加强边防的力量。法制上，汉文帝在高祖无为而治的基础上，进一步废除了肉刑和诽谤妖言罪等一些严刑苛法。他实行平狱缓刑，约法省禁的政策，并带头执行法制判决，作为一个封建国君，这是难能可贵的。

在人才任用上，他知人善任，虚心纳谏，提拔重用了贾谊、晁错、张释之、周亚夫等人才，开创了文景盛世的繁荣局面。

在个人生活上，文帝节俭朴素，严于律己。他在位期间，宫室、园林、车骑、衣服很少增添。他反对厚葬，他的陵墓修在长安附近霸水的旁边，称作霸陵。修筑时顺着山陵形势挖掘洞穴，不再加高，陪葬品也全用陶器，不准用金银等贵重金属。他还主张死后把夫人以下的宫女遣送回家，让她们改嫁。

公元前157年，文帝病死于长安未央宫，庙号为太宗，谥号为文帝。其子景帝刘启即位。他继承了父亲开创的盛世，将父亲的治国方针很好地保留下来，历史上把文帝和景帝的统治时期合称为"文景之治"。

孝武本纪

汉武帝刘彻继位后，用一系列政策巩固了汉朝的统治，让汉朝达到了前所未有的稳定和统一。他任用卫青、霍去病等名将。在与匈奴的作战中取得胜利，命张骞出使西域，开启了著名的"丝绸之路"，为后人留下了丰富的文化遗产。不过，他好大喜功，晚年又迷信神仙和巫术，甚至听信谗言，逼死了自己的儿子，使之后的西汉经历了很多波折。

汉武帝是司马迁生活时期的皇帝，因为《史记》记述和评论了汉朝多位皇帝，所以这部书在当时并未广泛流传，这使得关于记述汉武帝一生的《孝武本纪》大部分都已遗失了，只留下了关于他最后寻求封禅和仙术的记载。后人在这篇传记前补上了一些内容，成为现在的《孝武本纪》，但并没有完整记录汉武帝的一生。

武帝求仙

本名

> 刘彻

特点

> 雄才大略、好大喜功

成就

> 痛击匈奴，开启"丝绸之路"

汉武帝

汉武帝刘彻是汉景帝的第十个儿子，原为胶东王。 后来，太子刘荣被废，他被立为太子。

汉武帝刚即位时，**崇尚儒家学说。他招纳贤士，兴办儒学。** 但是，掌权的窦太后信奉黄老学说，不喜欢儒学，这些活动也就废止了。

六年后，窦太后去世。武帝又重新征召文学之士，并祭祀鬼神。当时，李少君也以祭祀神仙、长生不老的方术觐见汉武帝，受到汉武帝的敬重，让他主管方术之事。

汉武帝

李少君

有一次，汉武帝拿出一件古代铜器问李少君。李少君立刻回答：
"这件铜器在齐桓公十年的时候曾陈列在柏寝台。"汉武帝仔细查看
上面的铭文，果然是齐桓公时期的铜器。整个皇宫的人都惊呆了，认
为李少君是神仙。

汉武帝听信李少君之言，开始亲自祭祀灶神，派遣方士到东海求
访仙人。同时，他又用丹砂等药剂提炼黄金。即使后来李少君病死了，
皇帝也认为他是成仙而去，不是死了。

倍受宠爱的王夫人早逝，齐人少翁用方术让武帝在夜里隔着帷幕
望见了王夫人。于是，汉武帝封少翁为文成将军，给他很多赏赐。

还有一年夏天，一个巫师在祭祀时看见地面隆起，扒开土来看，发现是一口鼎。汉武帝得知后，派使者来问巫师得鼎的详情，确认其中没有诈伪之后，把鼎请到甘泉宫。公卿大夫们都请求尊奉宝鼎。

汉武帝沉迷在海上求仙，而使者栾大却不敢入海求仙，只敢到泰山去祭祀。皇上派人暗中跟随，得知他实际上什么都没有见到，就杀了他。后来，齐人公孙宏又说东莱山仙人想见天子，武帝马上去了，结果见到的只有几个大脚印。

方士们讲说的迎候神仙、到大海中寻求蓬莱仙岛等，始终没有灵验。尽管汉武帝对方士们的荒唐话越来越厌倦，但他还是不肯与方士们断绝往来，总希望有一天能遇到方术中的高人。

汉武大帝

因为司马迁所生活的年代正是汉武帝在位时期，所以在《史记》中关于汉武帝本人的记录大部分都遗失了，只留下了关于他求仙的记录。但是不要以为汉武帝就是一个迷信的昏君，他可是创造了空前盛世的皇帝呢！

汉武帝最负盛名的功绩是平定匈奴，他是第一个提出让匈奴归附中原的皇帝。他任用卫青、霍去病等将领，扩大了西汉的版图，征服了南越、卫满朝鲜等地。

卫将军厉害，我的天下更大了！

张爱卿总能带回好东西啊！

依靠西汉强大的国力，汉武帝是第一个把视野放到较远边疆的中国帝王。他命张骞出使西域，建立了与西域各地的联系，引入了很多外来文化和事物。

不过汉武帝一生好大喜功，征战不断，劳民伤财，很多将领都不能善终。他晚年迷信，更落到逼死自己亲儿子的下场。最后他幡然醒悟，向天下发布了《罪己诏》，向世人检讨了自己的过错，百姓又得以回归安稳的生活。

　　我曾跟随皇上出巡，祭祀天地众神和名山大川，参加过封禅大典。我也曾进寿宫陪侍皇帝祭祀，听神语，观察研究了方士和祠官们的言论，于是回来依次论述自古以来祭祀鬼神的活动，把这些活动原原本本地记载下来。后世君子应该能够从中明白因果是非。

图书在版编目（CIP）数据

轻松读史记 . 千古帝王 /（西汉）司马迁著 ; 洋洋
兔编绘 . -- 北京 : 北京理工大学出版社 , 2024. 8
（启航吧知识号）
ISBN 978-7-5763-4346-5

Ⅰ . K204.2-49

中国国家版本馆 CIP 数据核字第 202467KN58 号

责任编辑：户金爽　　文案编辑：户金爽
责任校对：刘亚男　　责任印制：王美丽

出版发行 / 北京理工大学出版社有限责任公司
社　　　址 / 北京市丰台区四合庄路 6 号
邮　　　编 / 100070
电　　　话 /（010）82563891（童书售后服务热线）
网　　　址 / http: //www.bitpress.com.cn
经　　　销 / 全国各地新华书店

印　　　刷 / 雅迪云印（天津）科技有限公司
开　　　本 / 710mm × 1000mm　1/16
印　　　张 / 8.75
字　　　数 / 200 千字
版　　　次 / 2024 年 8 月第 1 版　2024 年 8 月第 1 次印刷
定　　　价 / 36.00 元